NORBERT KÄMPER

Der Sachverständigenrat zur Begutachtung der gesamtwirtschaftlichen Entwicklung

Schriften zum Öffentlichen Recht

Band 561

Der Sachverständigenrat zur Begutachtung der gesamtwirtschaftlichen Entwicklung

Aufgaben und Rechtsstellung

Von

Dr. Norbert Kämper

Duncker & Humblot · Berlin

CIP-Titelaufnahme der Deutschen Bibliothek

Kämper, Norbert:
Der Sachverständigenrat zur Begutachtung der gesamtwirtschaftlichen Entwicklung: Aufgaben und Rechtsstellung / von Norbert Kämper. — Berlin: Duncker u. Humblot, 1989
(Schriften zum Öffentlichen Recht; Bd. 561)
Zugl.: Bochum, Univ., Diss., 1988
ISBN 3-428-06642-1
NE: GT

Satz: Hagedornsatz, Berlin 46
Druck: Berliner Buchdruckerei Union GmbH, Berlin 61
Printed in Germany

ISSN 0582-0200
ISBN 3-428-06642-1

Vorwort

Die vorliegende Arbeit wurde im Sommersemester 1988 von der juristischen Fakultät der Ruhr-Universität Bochum als Dissertation angenommen.

Mein ganz herzlicher Dank gilt Herrn Prof. Dr. Peter J. Tettinger, an dessen Lehrstuhl ich das von ihm angeregte und betreute Thema unter besten Voraussetzungen bearbeiten konnte. Dank gebührt auch Herrn Prof. Dr. Friedrich E. Schnapp für die Übernahme des Zweitgutachtens und für manche weiterführende Anregung.

Die Arbeit wurde Ende 1987 abgeschlossen.

Herne, im Oktober 1988 *Norbert Kämper*

Inhaltsverzeichnis

Abkürzungsverzeichnis

a.A.	anderer Ansicht
a.a.O.	am angegebenen Ort
Abg.	Abgeordneter
Abs.	Absatz
AGVwGO	Ausführungsgesetz zur Verwaltungsgerichtsordnung
AK	Alternativ-Kommentar
allg.	allgemein
Anm.	Anmerkung
AöR	Archiv des öffentlichen Rechts
Art.	Artikel
AS	Amtliche Sammlung
Aufl.	Auflage
BayGO	bayerische Gemeindeordnung
BayVBl.	Bayerische Verwaltungsblätter
BayVerfGH	Bayerischer Verfassungsgerichtshof
BayVGH	Bayerischer Verwaltungsgerichtshof
BB	Der Betriebsberater
BBG	Bundesbeamtengesetz
Bd.	Band
BDI	Bundesverband der Deutschen Industrie
Begr.	Begründung
Beil.	Beilage
Ber.	Bericht
bez.	bezüglich
BGBl.	Bundesgesetzblatt
BGHZ	Entscheidungen des Bundesgerichtshofs in Zivilsachen
BK	Bonner Kommentar
BMI	Bundesminister(ium) des Innern
BMJ	Bundesminister(ium) der Justiz
BMWi	Bundesminister(ium) für Wirtschaft
BR	Bundesrat
brem.	bremisch
BT	Bundestag
BVerfGE	Entscheidungen des Bundesverfassungsgerichts
BVerfGG	Bundesverfassungsgerichtsgesetz
BWSR	Bundeswirtschafts- und Sozialrat
bzw.	beziehungsweise
CEA	Council of Economic Advisers
DAG	Deutsche Angestelltengewerkschaft
DB	Der Betrieb
ders.	derselbe

DGB	Deutscher Gewerkschaftsbund
d.h.	das heißt
DIHT	Deutscher Industrie- und Handelstag
Diss.	Dissertation
DJT	Deutscher Juristentag
DM	Deutsche Mark
DÖV	Die öffentliche Verwaltung
Dr.	Drucksache
dt.	deutsch
DV	Die Verwaltung
DVBl.	Deutsches Verwaltungsblatt
ebda	ebenda
EWG	Europäische Wirtschaftsgemeinschaft
f./ff.	folgend/fortfolgend
FAZ	Frankfurter Allgemeine Zeitung
FHG	Fachhochschulgesetz
Fn.	Fußnote
FR	Frankfurter Rundschau
G.	Gesetz
GeschOBT	Geschäftsordnung des Deutschen Bundestages
GG	Grundgesetz
ggf.	gegebenenfalls
GGO	Gemeinsame Geschäftsordnung für die Bundesministerien
GMBl.	Gemeinsames Ministerialblatt
GMH	Gewerkschaftliche Monatshefte
GO	Gemeindeordnung
GS	Gesetzessammlung
GVBl.	Gesetz- und Verordnungsblatt
GVG	Gerichtsverfassungsgesetz
GWB	Gesetz gegen Wettbewerbsbeschränkungen
HdWW	Handwörterbuch der Wirtschaftswissenschaften
Hg.	Herausgeber
h.M.	herrschende Meinung
i.d.F.d.	in der Fassung des
idR	in der Regel
Ifo	Institut für Wirtschaftsforschung
insbes.	insbesondere
iSd	im Sinne des
iVm	in Verbindung mit
JG	Jahresgutachten
Jg.	Jahrgang
JöR	Jahrbuch des öffentlichen Rechts der Gegenwart
JuS	Juristische Schulung
JZ	Juristenzeitung
Komm.	Kommentar
KPD	Kommunistische Partei Deutschlands
krit.	kritisch
KVKG	Gesetz zur Dämpfung der Ausgabenentwicklung und zur Strukturverbesserung in der gesetzlichen Krankenversicherung

lit.	littera (= Buchstabe)
LK	Leipziger Kommentar
LOG	Landesorganisationsgesetz
Losebl.	Loseblattsammlung
LS	Leitsatz
LVerf	Landesverfassung
m.	mit
MRD.	Milliarden
mwN.	mit weiteren Nachweisen
NF	Neue Folge
NJW	Neue Juristische Wochenschrift
Nr.	Nummer
NVwZ	Neue Zeitschrift für Verwaltungsrecht
nw/NW	nordrhein-westfälisch/Nordrhein-Westfalen
NWVBL	Nordrhein-Westfälische Verwaltungsblätter
o.ä.	oder ähnlich(es)
o.g.	oben genannt
o.J.	ohne Jahr
OVG	Oberverwaltungsgericht
pr.	preußisch
Prot.	Protokoll
RGBl.	Reichsgesetzblatt
Rh.-Pf.	Rheinland-Pfalz
Rn.	Randnummer(n)
RVO	Rentenversicherungsordnung
S.	Satz, Seite
saarl.	saarländisch
SG	Sondergutachten
s.o./s.u.	siehe oben/siehe unten
sog.	sogenannt
Sp.	Spalte
StabG	Gesetz zur Förderung der Stabilität und des Wachstums der Wirtschaft
sten.	stenografisch
StGB	Strafgesetzbuch
SVR	Sachverständigenrat zur Begutachtung der gesamtwirtschaftlichen Entwicklung
SVRG	Gesetz über die Bildung eines Sachverständigenrates zur Begutachtung der gesamtwirtschaftlichen Entwicklung
SZ	Süddeutsche Zeitung
Tz.	Textziffer
u.a.	unter anderem
UPR	Umwelt- und Planungsrecht
USPD	Unabhängige Sozialdemokratische Partei Deutschlands
usw.	und so weiter
v.	vom, von
Verf.	Verfasser
VerfGH	Verfassungsgerichtshof
VerwArch	Verwaltungsarchiv
VR	Verwaltungsrundschau

VRspr	Verwaltungsrechtsprechung
VVDStRL	Veröffentlichungen der Vereinigung der Deutschen Staatsrechtlehrer
VwGO	Verwaltungsgerichtsordnung
VwVfG	Verwaltungsverfahrensgesetz
WissHG	Gesetz über die wissenschaftlichen Hochschulen
WissR	Wissenschaftsrecht
WiWo	Wirtschaftswoche
WP	Wahlperiode
WPflG	Wehrpflichtgesetz
WRP	Wettbewerb in Recht und Praxis
z.	zur
z.B.	zum Beispiel
ZfParl	Zeitschrift für Parlamentsfragen
ZfPol	Zeitschrift für Politik
ZgesStW	Zeitschrift für die gesamte Staatswissenschaft
ZHR	Zeitschrift für Handelsrecht
zit.	zitiert
ZRP	Zeitschrift für Rechtspolitik
Zs.	Zeitschrift
zust.	zustimmend
ZPO	Zivilprozeßordnung

Ergänzend wird auf H. Kirchner, Abkürzungsverzeichnis der Rechtssprache, 3. Aufl. 1983, verwiesen.

Einleitung

Knapp 25 Jahre nach Inkrafttreten des Gesetzes über die Bildung eines Sachverständigenrates zur Begutachtung der gesamtwirtschaftlichen Entwicklung[1] ist der Rat der „fünf Weisen"[2] als das prominenteste politische Beratungsgremium in der Bundesrepublik Deutschland[3] zu einer allseits anerkannten wirtschaftspolitischen Institution geworden[4].

Dies belegt die vielfältige Beachtung, die die Arbeit des Rates in der Tages- und Fachpresse wie auch in der wirtschaftswissenschaftlichen Literatur findet[5]. Dagegen haben sich die Rechtswissenschaften nur sehr punktuell mit dem Sachverständigenrat beschäftigt. Zwar wurde unmittelbar nach Inkrafttreten des SVRG vehement dessen Verfassungswidrigkeit konstatiert[6]. Diese These wurde jedoch angesichts der Verfassungswirklichkeit der letzten zwei Jahrzehnte nicht mehr ernstlich wiederaufgegriffen[7]; eine eingehende Auseinandersetzung hiermit hat aber — von einzelnen Beiträgen abgesehen — [8] nicht stattgefunden.

Bis heute ist die verfassungsrechtliche Stellung des mit einer einzigartigen gesetzlich garantierten Unabhängigkeit ausgestatteten Gremiums nicht abschließend geklärt.

Im folgenden soll der Versuch unternommen werden, den Standort des Sachverständigenrates innerhalb des Staatsgefüges der Bundesrepublik Deutschland zu bestimmen.

Nach einem kurzen Abriß der Entstehungsgeschichte und heutigen Ausgestaltung des SVRG erfolgt zunächst ein Vergleich mit anderen Beratungsgremien und -modellen (Teil A), um die herausgehobene Stellung des Rates zu verdeutlichen.

---

[1] V. 14.8.1963, BGBl. I, S. 685, geändert durch G. v. 8.11.1966, BGBl. I, S. 633 und G. v. 8.6.1967, BGBl. I, S. 582, siehe Anhang.

[2] So *Chr. Müller*, S. 155.

[3] *U. Andersen*, S. 536.

[4] Vereinzelte Forderungen, den Rat abzuschaffen (vgl. etwa *G. Schmölder*, in: Handelsblatt Nr. 127 v. 8.7.1985, S. 3), haben keine ernsthafte Resonanz gefunden.

[5] Vgl. etwa die Zusammenstellung bei *K. Wegner*, S. 322ff. und bei *R. Hickel/H. Mattfeld*, S. 199.

[6] *E.-W. Böckenförde*, Organisationsgewalt, S. 257ff.; *Chr. Heinze*, Der Staat Bd. 6 (1967), S. 433ff.

[7] *W. Brohm*, in: Handbuch des Staatsrechts, Bd. II, S. 227.

[8] Vgl. vor allem *G. Dietzel*, Der Staat Bd. 17 (1978), S. 582ff.

Im zweiten Teil (B) wird die Aufgabenstellung des SVRG näher untersucht, um hiervon ausgehend die rechtliche Stellung des Rates und deren verfassungsrechtliche Zulässigkeit zu erörtern (Teil C und D).

Die im SVRG nicht geregelte Frage der Kontrolle der Ratstätigkeit durch den Staat wird in Teil E behandelt.

Über die Rechtsbeziehungen im Innenbereich des Rates bestehen erhebliche Rechtsunsicherheiten, wie die Schlichtung des bisher einzigen Rechtsstreits innerhalb des Rates durch Schiedsgerichtsurteil beweist[9]. Deshalb wird im letzten Teil (F) die Rechtsstellung der einzelnen Ratsmitglieder einer näheren Betrachtung unterzogen.

Die Untersuchung beschränkt sich auf die rechtswissenschaftlichen Fragestellungen. Politik-, wirtschafts- und sozialwissenschaftliche Probleme insbesondere des Stellenwertes und der Wirksamkeit wissenschaftlicher Politikberatung müssen außer Betracht bleiben[10]. Nur soweit im Gesetz selbst wirtschaftswissenschaftliche Fragestellungen normiert sind, ist ein Anreißen dieser Probleme unumgänglich.

---

[9] V. 21.5.1973, DÖV 1973, S. 852ff.

[10] Vgl. hierzu *K. Lompe*, Wissenschaftliche Beratung der Politik, passim; *J. Millar*, passim; *N. Kloten*, S. 883ff.; *J. Habermas*, S. 130ff.

A. Der Sachverständigenrat zur Begutachtung der gesamtwirtschaftlichen Entwicklung — Entstehungsgeschichte und vergleichbare Gremien —

I. Das Bedürfnis nach wirtschaftswissenschaftlicher Politikberatung

Die ersten Jahre des Bestehens der Bundesrepublik Deutschland waren geprägt durch das „Wirtschaftswunder". Angesichts eines ungeheuren wirtschaftlichen Nachholbedarfs des kriegszerstörten Landes und eines zunächst kaum begrenzten, fachlich qualifizierten Arbeitskräftepotentials konnte sich die Wirtschaftspolitik Anfang der 50er Jahre im wesentlichen auf die Schaffung eines günstigen Investitionsklimas beschränken.

Dies änderte sich während der darauffolgenden „Normalisierung"[1] Mitte der fünfziger Jahre. Der Abbau der Arbeitslosigkeit[2], die Verringerung der Wachstumsraten des Bruttosozialprodukts und der Unternehmensgewinne sowie stabilisierungspolitische Probleme[3] steigerten das Bedürfnis nach einer weitergehenden staatlichen Feinsteuerung der Wirtschaft[4] und damit auch nach effektiver wirtschaftswissenschaftlicher Politikberatung[5].

Das Konzept der sozialen Marktwirtschaft bedingt verteilungspolitische Eingriffe des Staates, die mit einer wirtschaftswissenschaftlichen Rechtfertigung leichter durchsetzbar sind als mit lediglich politisch bzw. sozial begründeten Forderungen[6]. Dieser Ansatz erfordert eine entsprechende Öffentlichkeitswirksamkeit[7]. Auch wurde eine langfristigere staatliche Planung, zumindest im Bereich der Finanzplanung[8] gefordert, die entsprechender Planungsgrundlagen bedurfte[9].

---

[1] So der Abg. *Kurlbaum*, in: BT-Prot. der 44. Sitzung 4. WP, S. 1924.

[2] Vgl. die Statistik bei *D. Claessens/A. Klönne/A. Tschoepe*, S. 200.

[3] *Chr. Müller*, Stichwort: Sachverständigenrat, S. 154.

[4] *K. Wegner*, S. 15.

[5] Vgl. *W. Bauer*, Festschrift für *Th. Wessels*, S. 350; *Chr. Heinze*, Der Staat Bd. 6 (1967), S. 440. Allgemein zum steigenden Bedarf an sachverständiger Beratung *W. Brohm*, in: Handbuch des Staatsrechts Bd. II, S. 208ff.

[6] *H.H. Härtel*, S. 92.

[7] Vgl. *H. Bonus*, ZgesStW 1982, S. 4f.

[8] Abg. *Portzner*, BT-Prot. 4. WP, 81. Sitzung, S. 3950.

[9] Ansätze einer staatlichen Wirtschaftsprogrammierung, etwa nach dem Vorbild der französischen „planification", hatten aber keine realistische Chance; so die Abg. *Althammer* und *Kurlbaum*, BT-Prot. a.a.O., S. 3950f.

Mitte der fünfziger Jahre wurden von verschiedenen gesellschaftlichen Gruppen[10], Parteien und in der Wissenschaft[11] Überlegungen angestellt, ein unabhängiges sachverständiges Gremium zu bilden, das nicht nur wie die bereits bestehenden ministeriellen Beiräte die Regierung, sondern auch das Parlament und die Öffentlichkeit wirtschaftspolitisch beraten sollte. Damit sollte eine Entwicklung nachvollzogen werden, die im Ausland bereits zu einer Institutionalisierung entsprechender Beratungsgremien geführt hatte[12].

II. Gesetzesinitiativen von Bundestagsfraktionen und Regierungsentwürfe

1. Der Antrag der SPD-Fraktion zur Errichtung eines volkswirtschaftlichen Beirats vom 6. Juni 1956

Im politischen Bereich wurde die Idee eines unabhängigen Beratergremiums erstmals von der SPD-Fraktion im Deutschen Bundestag aufgegriffen[13]; sie brachte am 6. Juni 1956 den Entwurf eines Gesetzes „zur Förderung eines stetigen Wachstums der Gesamtwirtschaft" ein[14], der u.a. zur laufenden Erörterung grundsätzlicher wirtschaftspolitischer Probleme, insbesondere der konjunkturellen Entwicklung, die Schaffung eines „volkswirtschaftlichen Beirats", bestehend aus neun unabhängigen Wissenschaftlern[15], vorsah.

Seine Mitglieder sollten auf Vorschlag der Bundesregierung durch den Bundespräsidenten ernannt werden.

Der Beirat sollte die Aufgabe erhalten, u.a. die Gesamtrechnung und das Nationalbudget vor der Vorlage des jährlichen Wirtschaftsberichts an das Parlament zu begutachten. Die Gutachten sollten dem jährlichen Wirtschaftsbericht der Bundesregierung als Anlage beigefügt werden[16].

Seine Funktion war damit hauptsächlich in einer Kontrolle der Regierung[17] zu sehen. Dieser Gesetzentwurf ist nicht über die erste Lesung im Bundestag hinausgekommen[18], obwohl auch von der Mehrheitsfraktion (CDU/CSU) ein Beratungsbedürfnis insbesondere des Parlaments[19] anerkannt wurde.

---

[10] Vgl. Abg. *Brand*, Prot., a.a.O., S. 3948.

[11] S. u. Teil A. II. und III.

[12] S. u. Teil A. V.

[13] Zuvor hatte es bereits einen Vorstoß zur Errichtung eines Bundeswirtschaftsrates gegeben, s.u. Teil A. III. 1. c).

[14] BT-Dr. II/2428.

[15] § 6 Abs. 1 des Entwurfs.

[16] § 5 Abs. 2 des Entwurfs.

[17] *K. Wegner*, S. 21.

[18] Vgl. BT-Prot. 2. WP, 153. Sitzung, S. 8290, 8315.

[19] Vgl. Abg. *Hellwig*, Prot., a.a.O., S. 8271.

2. Die Regierungsinitiative vom Frühjahr 1958

Im Frühjahr 1958 plante der damalige Bundeswirtschaftsminister Erhard die Einrichtung eines Sachverständigengremiums zur Begutachtung der Wirtschaftsentwicklung[20].

Bei einem Gespräch mit den Sozialpartnern, das am 3. März 1958 auf Einladung des Bundeswirtschaftsministers und des Bundesministers für Arbeit und Soziales stattfand, stieß der Gedanke der Errichtung eines Sachverständigengremiums auf allgemeine Zustimmung[21].

Danach sollte ein Gremium von vier Wirtschaftswissenschaftlern eingesetzt werden, das zweimal jährlich einen umfassenden Bericht erstatten sollte. Die Geschäftsführung sollte beim statistischen Bundesamt liegen. Zur Errichtung dieses Gremiums kam es dann aber nicht; nach Ansicht des Abg. Deist, SPD, verhinderte das der Druck des Bundesverbandes der Deutschen Industrie, BDI[22].

3. Der Entwurf der Regierungsfraktionen vom 26. Juni 1962

Am 26. 6. 1962 brachten die damaligen Regierungsfraktionen CDU/CSU und FDP den Entwurf eines Gesetzes über die Bildung eines Sachverständigenrates zur Begutachtung der gesamtwirtschaftlichen Entwicklung in den Bundestag ein[23], der die Grundlage des heute geltenden SVRG bildete.

Ihm lag, wie bereits dem SPD-Entwurf aus dem Jahre 1956[24], das Konzept eines unabhängigen Wissenschaftlergremiums zugrunde, das nicht nur die Verfassungsorgane, sondern auch die Öffentlichkeit wirtschaftspolitisch beraten sollte. Nach einjährigen Beratungen im Wirtschaftsausschuß des Bundestags[25], in denen noch einige Detailänderungen vorgeschlagen wurden[26], verabschiedete der Bundestag den Gesetzentwurf am 26. 6. 1963 einstimmig[27].

Das Gesetz wurde am 14. 8. 1963 verkündet[28] und trat einen Tag darauf in Kraft.

Die Einstimmigkeit des Gesetzesbeschlusses ist insbesondere von Bedeutung für die allgemeine Anerkennung der Autorität des Rates[29], die in der Folgezeit immer wieder den Anfechtungen verschiedener Gruppen ausgesetzt war[30].

---

[20] *B.-O. Bryde*, S. 84.

[21] Bulletin der Bundesregierung vom 5.3.1958, Nr. 43, S. 387.

[22] Vgl. BT-Prot. 3. WP, 75. Sitzung, S. 4096 b.

[23] BT-Dr. IV/540.

[24] BT-Dr. II/2428, s. dazu oben Teil A. II. 1.

[25] Vgl. den Bericht des Abg. *Junghans*, zu BT-Dr. IV/1320 vom 12.6.1963.

[26] Vgl. die Synopse in BT-Dr. IV/1320.

[27] Bundestagsvizepräsident *Schmid*, BT.-Prot. 4. WP, 81. Sitzung, S. 3952.

[28] BGBl. I, S. 685.

[29] *K. Wegner*, S. 27.

4. Die gesetzliche Ausgestaltung des SVRG und die Gesetzesänderungen

Aufgaben, Zusammensetzung und Befugnisse unterscheiden den SVR deutlich von allen anderen Beratungsgremien des Bundes.

Der Adressatenkreis seiner Beratungstätigkeit ist sehr weit gefaßt: Er soll zur Erleichterung der Urteilsbildung bei „allen wirtschaftspolitisch verantwortlichen Instanzen sowie in der Öffentlichkeit“[31] beitragen.

Damit ist er nicht nur, wie z. B. die wissenschaftlichen Beiräte der Ministerien, Beratungsgremium der Exekutive, sondern auch der gesetzgebenden Körperschaften. Darüber hinaus sind nicht nur die staatlichen Stellen gemeint. Insbesondere die Tarifpartner[32] haben unter Geltung des Grundrechts der Koalitionsfreiheit (Art. 9 Abs. 3 GG) maßgeblichen Einfluß auf die Wirtschaftspolitik und zählen damit zu den angesprochenen wirtschaftspolitisch verantwortlichen Instanzen, ebenso wie andere im vorparlamentarischen Raum tätige Organisationen[33].

Weitere Zielgruppen sind die Öffentlichkeit, also der Wähler, und als Vermittler und Diskussionsforum die veröffentlichte Meinung[34]. Diesen werden die Gutachten des SVR durch regelmäßige unverzügliche Veröffentlichung zugänglich gemacht[35].

Der SVR besteht aus fünf unabhängigen[36] Sachverständigen, die über besondere wirtschaftswissenschaftliche Kenntnisse und volkswirtschaftliche Erfahrungen verfügen müssen[37]. Die ursprünglich vorgesehene Quotenregelung[38] — die die Besetzung mit drei Wissenschaftlern und zwei Praktikern vorsah — wurde fallengelassen, da es lediglich auf die persönliche Qualifikation der Sachverständigen ankomme[39]. In der Praxis sind fast alle SVR-Mitglieder Hochschullehrer bzw. Institutsleiter gewesen[40].

---

30 Vgl. nur R. *Hickel/H. Mattfeld* (Hg.), Millionen Arbeitslose, passim.

31 § 1 Abs. 1 SVRG. Diese gegenüber dem Entwurf (BT-Dr. IV/540) deutlichere Fassung wurde auf Basis der Stellungnahme des Wirtschaftsausschusses formuliert.

32 *O. Schlecht*, Bulletin der Bundesregierung 1963, S. 1113.

33 Vgl. *O. Schlecht*, a.a.O.

34 Diese Aufgabenstellung ist — verglichen mit anderen Beratungsgremien — einzigartig; *K. Lompe*, Stichwort: Politikberatung, S. 498.

35 § 6 Abs. 1 SVRG. Die Gutachten sind als Bundestagsdrucksache frei erhältlich und werden auch als Verlagsveröffentlichung — allerdings mit einer gewissen Verzögerung — publiziert.

36 § 3 Abs. 1 SVRG.

37 § 1 Abs. 2 SVRG.

38 Vgl. § 1 Abs. 2 des Initiativentwurfs, BT-Dr. IV/540.

39 Bericht des Abg. *Junghans*, zu BT-Dr. IV/1320, S. 2.

40 Vgl. die Übersicht in R. *Hickel/H. Mattfeld* (Hg.), Millionen Arbeitslose, Anhang, S. 194f.

Zur Sicherung der Unabhängigkeit ist die Inkompatibilität mit bestimmten öffentlichen Ämtern und Tätigkeiten für privatrechtliche Verbände vorgesehen[41].

Es ist Aufgabe des SVR, in seinen Gutachten die jeweilige gesamtwirtschaftliche Lage *(Bestandsaufnahme)* und deren absehbare Entwicklung *(Prognose)* darzustellen, § 2 Abs. 1 S. 1 SVRG[42].

Dabei soll Schwerpunkt der Beratung die Beantwortung der Frage sein, wie die gleichzeitige Erreichung der Ziele des sogenannten „magischen Vierecks“[43], nämlich Preisstabilität, hoher Beschäftigungsstand und außenwirtschaftliches Gleichgewicht bei stetigem und angemessenem Wirtschaftswachstum, gewährleistet werden kann. Politische Zielvorgabe hierfür ist, daß dies „im Rahmen der marktwirtschaftlichen Ordnung“ geschehen soll[44]. Damit traf der einfache Gesetzgeber im SVRG erstmals in Gesetzesform eine Grundentscheidung über die Wirtschaftsordnung der Bundesrepublik[45], die das Grundgesetz noch offengelassen hat[46].

Im Gutachten sollen auch verteilungspolitische Gesichtspunkte untersucht werden, § 2 S. 3 und 4 SVRG[47].

Darüber hinaus hat der SVR laufend die konjunkturelle Entwicklung zu beobachten; Dies ergibt sich aus § 6 Abs. 2 S. 1 SVRG[48], wonach er ein zusätzliches Gutachten erstatten *muß*, wenn die Ziele des § 2 S. 2 SVRG — „magisches Viereck“ — gefährdet erscheinen.

Inhaltlich sollen in den Gutachten alternative Annahmen (tatsächlicher Art) und Wirkungen dargestellt und beurteilt werden[49]. Die Vorgabe, zwar Fehlent-

---

[41] § 1 Abs. 3 SVRG.

[42] § 2 wurde gegenüber dem Regierungsentwurf komplett neu gefaßt.

[43] Dieses wurde im SVRG erstmals normiert, vgl. *J. Brockhausen*, S. 87; vgl. auch § 1 S. 2 StabG; zur Festschreibung der Zielkomponenten des „gesamtwirtschaftlichen Gleichgewichts“ im GG (etwa Art. 109 Abs. 2 GG), siehe *Th. Maunz*, in: Maunz/Dürig, GG, Art. 109, Rn. 24ff.

[44] Vgl. dazu *K. Stern*, in: K. Stern/P. Münch/K.H. Hansmeyer, StabG, § 1 VI; *A. Möller*, StabG, § 1 Anm. 7.

[45] Die im politischen Bereich in der Bundesrepublik nach dem KPD-Verbot 1956 und dem Godesberger Programm der Sozialdemokratischen Partei von 1959 nicht mehr ernstlich umstritten war.

[46] Dazu letztens *U. Karpen*, Wirtschaftsordnung und Grundgesetz, Jura 1985, S. 188ff. mwN.

[47] Dazu ausführlich *K. Wegner*, S. 78f.

[48] Diese Vorschrift wurde nachträglich durch § 31 StabG vom 8.6.1967 (BGBl. I, S.582) in das SVRG eingefügt.

[49] Der Vorschlag, dem SVR vor Erstellung des Gutachtens das wirtschaftspolitische Programm der Bundesregierung bekannt zu geben (zu BT-Dr. IV/1320, S. 2), fand keine Mehrheit, da dies zu einer „Benotung“ der Bundesregierung führen könnte und deshalb auf staatsrechtliche Bedenken stieß (vgl. Abg. Dr. *Aschoff*, Bt.-Prot., 4. WP, 81. Sitzung, S. 3952).

wicklungen und Möglichkeiten zu deren Vermeidung oder Beseitigung aufzuzeigen, gleichwohl aber keine Empfehlungen für bestimmte wirtschafts- und sozialpolitische Maßnahmen auszusprechen[50], wird weitgehend als unpraktikabel angesehen[51] und auch vom SVR nicht eingehalten[52]. Dieses Empfehlungsverbot wurde aber aus verfassungsrechtlichen Gründen für erforderlich gehalten[53].

Der SVR erstellt jährlich zum 15. November[54] ein umfassendes Jahresgutachten[55], § 6 Abs. 1 S. 1 SVRG. Darüber hinaus hat er nach § 6 Abs. 2 S. 1 SVRG ein Sondergutachten zu erstellen, wenn die Erreichung der Ziele des „magischen Vierecks“[56] gefährdet ist[57]. Außerdem kann die Bundesregierung weitere Sondergutachten anfordern[58].

Die Gutachten werden vom SVR veröffentlicht. Anfänglich geschah das erst acht Wochen nach Zuleitung an die Bundesregierung[59], um dieser die Möglichkeit einer von außen unbeeinflußten Abfassung ihrer Stellungnahme zu geben[60].

Da die Erfahrungen mit den beiden ersten Jahresgutachten zeigten, daß vollständige Diskretion über diese Zeit hinweg nicht zu wahren war und Teile der Gutachten oder auch Spekulationen darüber vorzeitig veröffentlicht wurden, wurde im Interesse einer Versachlichung der wirtschaftspolitischen Auseinandersetzungen[61] die Achtwochenfrist gestrichen[62]. Die Jahresgutachten werden

---

[50] § 2 S. 6 SVRG.

[51] *K. Wegner*, S. 81f.; *O. Sievert*, S. 33f.; siehe ausführlich unten Teil B. III. 5.

[52] Vgl. nur das Sondergutachten vom 23.6.1985, BT-Dr. 10/4295, S. 184ff., Tz. 23; Empfehlung zur Steuerreform in einer Stufe.

[53] Dazu im einzelnen unten Teil B. III. 5.

[54] Im Initiativgesetzentwurf (§ 5 S. 1, BT-Dr. IV/540) war zunächst der 15. Dezember vorgesehen. Der frühere Termin wurde auf Vorschlag des Wirtschaftsausschusses gewählt, damit die Jahresgutachten vor Beginn der abschließenden Haushaltsberatungen vorliegen (Bericht des Abg. *Junghans*, zu BT-Dr. IV/1320, S. 4.).

[55] Vgl. die Liste sämtlicher Gutachten im Anhang des jeweils letzten Jahresgutachtens.

[56] § 2 S. 2 SVRG.

[57] Vgl. hierzu § 31 StabG, das aus der ursprünglichen Ermessensvorschrift eine zwingende Norm machte. Zur Entstehungsgeschichte *A. Möller*, StabG, § 31 Anm. 1.

[58] Dagegen fand die Anregung , auch dem Bundestag ein Auftragsrecht für Sondergutachten zu geben, keinen Eingang in das Gesetz. Sie wurde im Wirtschaftsausschuß mit der Begründung abgelehnt, dies würde das Ansehen des Parlaments schwächen; Vgl. dazu *F. Knöpfle*, BayVBl. 1967, S. 402.

[59] Diese Frist war bereits im Gesetzgebungsverfahren umstritten. Sie wurde als eine Beschneidung der Rechte des Parlaments angesehen (Abg. *Portzner* BT-Prot., 4. WP, 81. Sitzung, S. 3946). Der Antrag der SPD-Opposition in der zweiten Lesung des SVRG, die Frist auf vier Wochen zu verkürzen, wurde abgelehnt, vgl. BT-Prot., a.a.O., S. 3948.

[60] Ausschußbericht zu BT-Dr. IV/1320, S. 2.

[61] Vgl. die Begründungen des Regierungsentwurfs, BT-Dr. V/810, S. 3 und den Bericht des Wirtschaftsausschusses, BT-Dr. V/941.

[62] Gesetz zur Änderung des Gesetzes über die Bildung eines Sachverständigenrates zur Begutachtung der gesamtwirtschaftlichen Entwicklung vom 8. November 1966 (BGBl. I,

nunmehr den gesetzgebenden Körperschaften „unverzüglich"[63] von der Bundesregierung vorgelegt und zum gleichen Zeitpunkt vom SVR veröffentlicht[64]. Den Zeitpunkt der Veröffentlichung der Sondergutachten bestimmt der SVR im Einvernehmen mit dem Bundesminister für Wirtschaft[65].

Nach § 6 Abs. 1 S. 3 und 4 SVRG nimmt die Bundesregierung spätestens acht Wochen nach Vorlage des Jahresgutachtens[66] hierzu Stellung, wobei sie insbesondere die wirtschaftspolitischen Schlußfolgerungen, die sie aus den Gutachten zieht, darzulegen hat. Aufgrund von § 2 Abs. 1 StabG ist diese Stellungnahme seit 1968 Bestandteil des Jahreswirtschaftsberichts der Bundesregierung[67]. Da dieser „im Januar", das heißt bis spätestens zum 31. 1. eines Jahres vorzulegen ist, wird hierdurch die Acht-Wochen-Frist des § 6 Abs. 1 SVRG[68] entsprechend verlängert[69].

Der SVR ist amtshilfeberechtigt[70]; er kann im Rahmen seines Auftrags Fachleute, die fachlich zuständigen Bundesminister und den Präsidenten der Bundesbank anhören[71].

Den Vorsitzenden wählt der SVR aus seiner Mitte[72]. Seine Beschlüsse bedürfen der Zustimmung von mindestens drei Mitgliedern[73]. Die Sachverständigen können aber in den Gutachten abweichende Meinungen zu einzelnen Fragen in Form von Minderheitsvoten zum Ausdruck bringen[74].

Geschäftsstelle des SVR ist das Statistische Bundesamt in Wiesbaden[75], bei der auch der ständige wissenschaftliche Mitarbeiterstab unter Leitung des Generalsekretärs angesiedelt ist.

S. 633). Das erste Jahresgutachten wurde erst als Anlage zur Stellungnahme der Bundesregierung veröffentlicht, was zu einer erheblichen Verstimmung zwischen SVR und Bundesregierung führte, da der Rat sein Selbstveröffentlichungsrecht verletzt sah; dazu *K. Wegner*, S. 138.

[63] Diese Zuleitung erfolgt als Bundestagsdrucksache, so daß durch Drucklegung usw. die Veröffentlichung immer noch eine gewisse zeitliche Verzögerung erfährt. Da damit weiterhin Raum für Indiskretionen und Spekulationen verbleibt, erhalten u.a. die Fraktionsvorsitzenden der Bundestagsparteien unmittelbar ein Manuskript des Jahresgutachtens (*K. Wegner*, S. 85f.). Die Öffentlichkeit wird durch eine Pressekonferenz über die wichtigsten Punkte informiert.

[64] § 6 Abs. 1 S. 2 SVRG.

[65] § 6 Abs. 2 S. 3 SVRG.

[66] Letzter Termin wäre der 10. Januar.

[67] Weitere Bestandteile sind die sog. „Jahresprojektionen" (§ 2 Abs. 1 Nr. 2 StabG) und eine Darlegung der für das laufende Jahr geplanten Wirtschafts- und Finanzpolitik.

[68] Der auf den § 2 Abs. 1 Nr. 1 StabG ausdrücklich Bezug nimmt.

[69] *A. Möller*, StabG, § 2 Anm. 3.

[70] § 5 Abs. 3 SVRG.

[71] §§ 4, 5 Abs. 1 SVRG.

[72] § 8 Abs. 2 SVRG.

[73] § 8 Abs. 1 SVRG.

[74] § 3 Abs. 2 SVRG.

III. Andere Beratungsgremien und -modelle

Der Sachverständigenrat zur Begutachtung der gesamtwirtschaftlichen Entwicklung ist ein recht junges Gremium der wirtschaftswissenschaftlichen Politikberatung. Um die besondere Beratungskonzeption des oben vorgestellten SVRG im Vergleich zu anderen Beratungsgremien zu verdeutlichen, sollen diese, soweit sie — zumindest auch — der wirtschaftswissenschaftlichen Politikberatung dienen, kurz vorgestellt werden.

1. Das Wirtschaftsratsmodell

Im Gegensatz zum SVR, der keine historischen Vorbilder in Deutschland hat, bestanden bereits in Preußen und der Weimarer Republik Wirtschaftsräte[76], die ebenfalls beratende Funktionen ausübten, die aber nicht mit unabhängigen Wissenschaftlern, sondern repräsentativ mit interessengebundenen Verbandsvertretern besetzt waren. Nach dem zweiten Weltkrieg wurde die politische Diskussion über die Einrichtung eines Wirtschaftsrates im Bund, aber auch in einigen Bundesländern, wieder aufgenommen.

a) Der preußische Volkswirtschaftsrat

Durch VO vom 17. 11. 1880[77] wurde für das Königreich Preußen ein Volkswirtschaftsrat[78] gebildet, der aus 75 vom König zu berufenden Mitgliedern bestand[79]. 45 davon wurden aus gewählten Vertretern von Handelskammern und landwirtschaftlichen Vereinen berufen; 30 weitere, von denen mindestens 15 dem Handwerker- und dem Arbeiterstande angehören sollten[80], wurden von Ministern vorgeschlagen. Es war Aufgabe des Volkswirtschaftsrates, „Entwürfe von Gesetzen und Verordnungen, welche wichtigere wirtschaftliche Interessen von Handel, Gewerbe und Land- und Forstwirtschaft betreffen, ... zu begutachten“[81]. Der Rat arbeitete aber nur wenige Jahre[82], da der preußische Landtag sich ihm gegenüber ablehnend verhielt[83] und die Verbände, die ihn im wesentlichen tragen sollten, keine hinreichende Unterstützung leisteten[84].

---

75 Dagegen wurde die Übertragung der Geschäftsführung auf den Präsidenten des Statistischen Bundesamtes, wie sie in § 9 des Initiativentwurfs vorgesehen war, nicht realisiert, vgl. den Bericht des Abg. *Junghans*, zu BT-Dr. IV/1320, S. 5.

76 Dazu *F. Rittner*, S. 96ff.

77 Verordnung betreffend die Errichtung eines Volkswirtschaftsraths, Pr. GS, S. 367.

78 Dazu *E.R. Huber*, Deutsche Verfassungsgeschichte, Bd. IV, 1969, S. 1027ff.; *P. Dagtoglou*, Der Private ..., S. 89ff.

79 § 2 der VO.

80 §§ 3, 4 der VO.

81 § 1 der VO.

82 *K. Winterhoff*, JöR Bd. 25 (1976), S. 115, 116f.

83 *F. Knöpfle*, BayVBL 1967, S. 402.

Der Versuch Bismarcks, im Jahre 1881 auf Reichsebene einen am preußischen Vorbild orientierten deutschen Volkswirtschaftsrat zu installieren, scheiterte letztlich am Widerstand des deutschen Reichstags[85].

b) Der vorläufige Reichswirtschaftsrat[86]

Der Wirtschaftsratsgedanke wurde in der Weimarer Republik wiederaufgegriffen und, allerdings unter anderen politischen Vorzeichen, in der Weimarer Reichsverfassung niedergelegt. Nach Art. 165 Abs. 4 WRV[87] sollten „sozialpolitische und wirtschaftspolitische Gesetzentwürfe von grundlegender Bedeutung von der Reichsregierung vor ihrer Einbringung dem Reichswirtschaftsrat zur Begutachtung vorgelegt werden". Der Reichswirtschaftsrat sollte Zentralorganisation für regionale Wirtschaftsräte sein[88], die wiederum, ergänzt durch gestufte Arbeiterräte[89], Elemente eines anderen politischen Herrschaftsmodells[90] waren, aber als Kompromißformel in die WRV eingegangen sind[91]. Realisiert wurde lediglich ein „vorläufiger" Reichswirtschaftsrat[92] ohne regionale Organisation. Er bestand aus 326 Mitgliedern, die sich nach einem komplizierten Berufungsverfahren[93] unter Berücksichtigung sozialer und regionaler Paritäten aus Vertretern von zehn Berufsgruppen zusammensetzten[94]. In den meisten Berufsgruppen waren Arbeitnehmer und Arbeitgeber paritätisch vertreten, daneben waren auch freie Berufe, Verbraucher, Beamte und von der Reichsregierung bzw. vom Reichsrat ernannte Fachleute repräsentiert[95].

Obwohl hierdurch die Vertretung von Gruppeninteressen im Vordergrund stand, sollten die Mitglieder Vertreter der wirtschaftlichen Interessen des ganzen

---

84 *D. Sperling*, JöR Bd. 14 (1965), S. 195, 199 mwN.

85 *E. R. Huber*, a.a.O., S. 1026ff., 1031; *F. Knöpfle*, BayVBl 1967, S. 402.

86 Vgl. dazu *J. Berggreen*, S. 199ff.; *P. Dagtoglou*, Der Private ..., S. 92ff.

87 Verfassung des deutschen Reichs vom 11.8.1919, RGBl. S. 1383.

88 Vgl. Art. 165 Abs. 3 WRV.

89 Vgl. dazu das BetriebsräteG vom 4.2.1920, RGBl. S. 147.

90 Das Rätesystem (zum Begriff und seinen historischen Erscheinungsformen vgl. *H.-D. Heidelmann*, S. 15ff. mwN.), das politisch linksstehende Gruppierungen (insbesondere die USPD) nach Kriegsende in November 1918 durchsetzen wollten (Wahl der Arbeiter- und Soldatenräte), scheiterte im politischen Bereich an der Haltung der Mehrheits-Sozialdemokratie, die eine repräsentative Demokratie anstrebte (Vgl. *W. Tormin*, Die Weimarer Republik, S. 81ff.). Zur „Verankerung" des Rätesystems in der WRV vgl. *G. Anschütz*, Die Verfassung des Deutschen Reichs, 1933, Art. 165, Anm. 1.

91 Der Wirtschaftsratsgedanke wurde auch von berufsständisch orientierten Konservativen unterstützt, *R. Steinberg*, DÖV 1972, S. 838; *H.-D. Heidelmann*, S. 20.

92 Durch die Verordnung über den vorläufigen Reichswirtschaftsrat vom 4. Mai 1920 (RGBl., S. 858). Zu Zweifeln an der Ermächtigungsgrundlage für diese VO vgl. *E. R. Huber*, Verfassungsgeschichte, Bd. VI, S. 395f.

93 Dazu im einzelnen *D. Sperling*, JöR Bd. 14 (1965), S. 208f.

94 Art. 2 der VO.

95 *K. Winterhoff*, JöR Bd. 25 (1976), S. 117.

Volkes sein[96] und waren an Aufträge nicht gebunden. Die Hauptarbeit leisteten die zahlreichen Ausschüsse[97], während das Plenum nach dem Jahre 1923 nicht mehr zusammentrat[98].

Aufgabe des vorläufigen Reichswirtschaftsrates war es lediglich, sozial- und wirtschaftspolitische Gesetzentwürfe von grundlegender Bedeutung, die von der Reichsregierung eingebracht wurden, zu begutachten[99]. Gesetzentwürfe des Reichsrats und des Reichstags fielen nicht darunter. Er hatte selbst das Recht, Gesetzesvorlagen mit sozial- oder wirtschaftspolitischem Bezug zu beantragen[100]. Weitere Rechte standen ihm hinsichtlich sozial- und wirtschaftspolitischer Maßnahmen der Übergangswirtschaft zu[101].

Effektivität und Einfluß des vorläufigen Reichswirtschaftsrates werden überwiegend als gering eingeschätzt[102]. Gründe hierfür sind zum einen die überdimensionierten Mitgliederzahlen, zum anderen aber auch das fragwürdige Konzept, ein parlamentsähnlich organisiertes und auf den Ausgleich von Interessengegensätzen[103] angelegtes Gremium lediglich mit gutachtlichen Aufgaben zu betrauen. Gesetzentwürfe über einen endgültigen Reichswirtschaftsrat mit erweiterter Aufgabenstellung und reduzierter Mitgliederzahl scheiterten 1930 im Reichstag[104].

ç) Die Diskussion um einen Bundeswirtschafts- (und Sozial-)rat

Schon bald nach Gründung der Bundesrepublik Deutschland wurde — erfolglos — die Errichtung eines Bundeswirtschaftsrates gefordert. Ein Gesetzentwurf der SPD-Fraktion im deutschen Bundestag[105] sah einen paritätisch von Unternehmensverbänden und Gewerkschaften beschickten 150-köpfigen Bundeswirtschaftsrat mit weitgehenden Beratungspflichten gegenüber Bundesregierung, Bundestag und Bundesrat zu allen wirtschafts- und sozialpolitischen, steuerlichen und finanzpolitischen Fragen vor[106]. Eine Reihe weiterer Vorschlä-

[96] Art. 5 Abs. 1 S. 1 der VO.

[97] *D. Sperling*, JöR Bd. 14 (1965), S. 212, nennt die Zahl 53.

[98] *D. Sperling*, a.a.O.

[99] Art. 165 Abs. 4 S. 1 WRV, Art. 11 Abs. 1 der VO über den vorläufigen Reichswirtschaftsrat.

[100] Art. 165 Abs. 4 S. 2 WRV.

[101] Dazu im einzelnen *E. R. Huber*, Verfassungsgeschichte, Bd. VI, S. 400f.

[102] *E. R. Huber*, Verfassungsgeschichte Bd. VI, S. 401f.; *D. Sperling*, JöR Bd. 14 (1965), S. 220f.; *B.O. Bryde*, S. 82f. mwN.; *K. Schwarzkopf*, DÖV 1952, S. 561; Gutachten des wissenschaftlichen Beirats beim Bundeswirtschaftsministerium vom 20.6.1964, in: Sammelband 6, S. 59f.

[103] Wissenschaftlicher Beirat, a.a.O., S. 60.

[104] Dazu eingehend *D. Sperling*, JöR Bd. 14 (1965), S. 221f.

[105] Entwurf eines Gesetzes zur Neuordnung der Wirtschaft vom 25.7.1950, BT-Dr. I/1229, §§ 57ff.

[106] Zur wissenschaftlichen Diskussion Vgl. *H. Krüger*, DÖV 1952, S. 545ff.; *E. Forsthoff*, DÖV 1952, S. 714 ff; *H. Seidenfuß*, S. 11ff.

ge kam aus der Wissenschaft[107]. Der Deutsche Gewerkschaftsbund unternahm im Jahre 1971 einen erneuten[108] Vorstoß zur Bildung eines Bundeswirtschafts- und Sozialrates[109], der ausschließlich paritätisch von Vertretern von Kapital und Arbeit besetzt werden sollte, dem also eine „dritte Kraft", etwa durch Repräsentanten von Verbrauchern, freien Berufen, anderen gesellschaftlich relevanten Gruppen oder unabhängigen Fachleuten, fehlte. Die 120-160 Mitglieder sollten durch den Bundespräsidenten auf Vorschlag der Spitzenorganisationen der Gewerkschaften und der Unternehmerverbände ernannt werden. Eine Verteilung auf bestimmte Wirtschaftszweige sollte nicht festgeschrieben werden, sondern dem Interessenausgleich innerhalb der Verbände überlassen bleiben. Die Vertretung der jeweiligen Interessen wird damit auf die Spitzenorganisationen beschränkt[110]. Eine Garantie des freien Mandats war in diesem Entwurf nicht mehr vorgesehen[111], was den Eindruck einer reinen Verbandsvertretung noch verstärkt[112]. Neben Beratungsfunktionen sollte der BWSR ein Gesetzesinitiativrecht haben.

Ergänzend waren für die Bundesländer Landeswirtschafts- und Sozialräte mit 40-100 Mitgliedern vorgesehen; die unterste Stufe sollten regionale Wirtschafts- und Sozialräte bilden[113].

Im gleichen Jahr 1971 brachte eine Gruppe von CDU/CSU-Abgeordneten um den Abgeordneten Dichgans den Entwurf eines Gesetzes über die Errichtung eines Bundeswirtschafts- und Sozialrates in den Bundestag ein[114]. Das Gremium sollte aus nur 60 Mitgliedern bestehen, von denen je 24 von den Spitzenorganisationen der Unternehmen und der Gewerkschaften vorgeschlagen werden sollten. Zwölf weitere sollten Persönlichkeiten des öffentlichen Lebens mit wirtschafts- und sozialpolitischen Kenntnissen sein. Dichgans wollte seinen Vorschlag als einen Beitrag zur Parlamentsreform verstanden wissen[115]. Zwar stehe umfangreiches wissenschaftliches Material, wie etwa die Gutachten des SVR zur Verfügung; dieses müsse aber zu einer abgewogenen Gesamtdar-

---

[107] Dazu *E.R. Huber*, Selbstverwaltung der Wirtschaft, S. 50ff.; Vgl. auch die Zusammenstellung bei *H. D. Heidelmann*, S. 27ff.

[108] Er hatte bereits den SPD-Entwurf aus dem Jahre 1950 initiiert, durch den „Gesetzesvorschlag des DGB für das Gebiet der Bundesrepublik Deutschland zur Neuordnung der deutschen Wirtschaft" vom 22. 5. 1950, Düsseldorf, 1950; dazu *H. D. Heidelmann*, S. 27ff.

[109] Programm des DGB vom 3. 3. 1971 zur „Mitbestimmung im gesamtwirtschaftlichen Bereich", abgedruckt in: Gewerkschaftliche Monatshefte 1971, S. 569ff.; dazu *K. Ballerstedt*, GMH 1971, S. 513ff.; kritisch *G. Triersch*, GMH 1971, S. 535ff.

[110] Zur zweifelhaften demokratischen Legitimation *H. D. Heidelmann*, S. 113ff.

[111] Der Entwurf vom 22.5.1950 enthielt eine an Art. 38 GG angelehnte Regelung.

[112] Vgl. *H. D. Heidelmann*, S. 103.

[113] DGB-Entwurf, GMH 1971, S. 573f.

[114] Vom 16.8.1971, BT-Dr. VI/2524; dazu *R. Steinberg*, DÖV 1972, S. 837ff.; *H.D. Heidelmann*, S. 141ff.

[115] Begr. BT-Dr. VI/2524, S. 5; dazu *H. Donner*, DVBl. 1974, S. 183ff.

stellung zusammengefaßt werden, die den Abgeordneten zuverlässig informiere[116]. Andere Beratungsorgane, wie etwa die wissenschaftlichen Beiräte der Ministerien und der SVR könnten überflüssig werden und ihre Aufgaben auf einen zentralen Wirtschafts- und Sozialrat übertragen werden[117].

Keiner dieser Vorschläge ist bisher realisiert worden. Einen gewissen vorläufigen Abschluß hat die Diskussion um einen Bundeswirtschafts- und Sozialrat durch die ablehnende Stellungnahme der Enquete-Kommission für Verfassungsreform gefunden[118]. Danach ist zwar die Einführung eines solchen Gremiums, soweit ihm kein Gesetzesinitiativrecht oder Enquete-Recht eingeräumt wird, ohne Verfassungsänderung zulässig[119]; Zweifel an der demokratischen Legitimation der Verbandsvertretung, die unerwünschte Konkurrenz zu Parlament und Parteien[120] und die negativen Erfahrungen mit Wirtschaftsräten führten aber zur einstimmigen Ablehnung.

Dieser ablehnenden Haltung wird man im Ergebnis zumindest insoweit zustimmen können, als ein Wirtschaftsrat mit Beratungsfunktionen betraut werden sollte. Zwar wird Sachverstand Voraussetzung für die Mitgliedschaft sein; den Ausschlag bei der Stimmabgabe dürften aber die von den Mitgliedern vertretenen Interessen der sie entsendenden Verbände geben[121]. Eine echte unabhängige Beratung dürfte damit ausgeschlossen sein; Sinn würde ein Wirtschaftsrat deshalb eher als Forum für einen öffentlichen Ausgleich von Interessen haben, nicht aber als Beratungsorgan.

d) Wirtschaftskammern der Länder

Daß der Wirtschaftsratsgedanke damit aber nicht gänzlich ad acta gelegt worden ist, zeigen vereinzelte Aktivitäten der Landesgesetzgeber.

aa) Die Art. 71 - 73 LVerf Rh.-Pf., die allerdings nach Art. 143 Abs. 2 LVerf zur Zeit außer Kraft gesetzt sind[122], sehen eine „Hauptwirtschaftskammer"

---

116 Begr. a.a.O.; *H. Dichgans*, Vom Grundgesetz zur Verfassung, 1970, S. 82ff.

117 *H. Dichgans*, a.a.O., S. 82.

118 BT-Dr. VII/5924, S. 113ff.; *K. Stern*, JöR Bd. 25 (1976), S. 103ff.; vgl. auch *E.-W. Böckenförde*, Der Staat Bd. 15 (1976), S. 457ff.; *A. Saipa*, AöR Bd. 102 (1977), S. 497ff., 528ff.

119 BT-Dr. VII/5924, S. 116

120 So auch *P. J. Tettinger*, Rechtsanwendung, S. 288.

121 *R. Steinberg* spricht von einem „Gremium sachverständiger Interessenten", DÖV 1972, S. 842.

122 Das zur näheren Regelung erlassene Gesetz über die Hauptwirtschaftskammer vom 21.4.1949, GVBl. S. 141, wurde durch verfassungsänderndes Gesetz vom 8.2.1962, GVBl. S. 29, außer Kraft gesetzt; nach der Neufassung von Art. 143 Abs. 2 LVerf Rh.-Pf.sind die Art. 71 - 73 LVerf bis zum Ende des Jahres außer Kraft, in dem das Gesetz zur vorläufigen Regelung des Rechts der Industrie- und Handelskammern vom 18.12.1956 (BGBl. I, S. 920) durch eine abschließende Regelung ersetzt wird; Vgl. dazu *F. Mayer/ C. H. Ule*, S. 81f.

vor[123], in der neben je 13 Vertretern von Arbeitgebern und Arbeitnehmern auch drei Wirtschaftssachverständige vertreten sein sollen[124]. Zu ihren Aufgaben zählt die Beratung der Regierung bei allen wirtschaftlichen und sozialen Maßnahmen von grundsätzlicher Bedeutung[125] und die Begutachtung von Gesetzentwürfen wirtschafts- und sozialpolitischen Inhalts[126]. Außerdem soll sie ein Gesetzesinitiativrecht haben.

bb) In Bremen wurde 1982 ein neues Gesetz über die durch Art. 46 brem. LVerf geforderte paritätisch mit Arbeitnehmer- und Unternehmervertretern besetzte Wirtschaftskammer erlassen[127].

Die Wirtschaftskammer hat auch hier hauptsächlich die Aufgabe, gutachtlich, etwa zu Gesetzentwürfen, Stellung zu nehmen (vgl. § 2 WirtschaftskammerG). Dabei sind Minderheitsgutachten möglich[128], die, wie auch die Mehrheitsmeinung, vor der Bürgerschaft vertreten werden können. Hierbei geht es aber nicht um wissenschaftliche Beratung, sondern um gruppenbestimmte Interessenvertretung. So ist der Interessenausgleich zwischen den Sozialpartnern erklärte Aufgabe der Kammer[129,130].

e) Der Bayerische Senat

Gewisse Ähnlichkeiten mit einem Wirtschafts- und Sozialrat, aber eine darüber hinausgehende Aufgabenstellung weist der Bayerische Senat auf[131]. Er setzt sich mehrheitlich zusammen aus Vertretern der Land- und Forstwirtschaft, der Industrie, des Handels, des Handwerks, der freien Berufe und der Gewerkschaften; daneben gehören ihm aber auch Vertreter etwa der Gemeinden, der Wohltätigkeitsorganisationen und der Religionsgemeinschaften an[132]. Wichtigste Aufgabe des Senats ist es, zu den Gesetzesvorlagen der Staatsregierung gutachtlich Stellung zu nehmen[133]. Daneben ist ihm das Recht eingeräumt,

---

[123] Dazu *E.R Huber*, Wirtschaftsverwaltungsrecht, Bd. 1, S. 209.

[124] Art. 71 S. 1 LVerf Rh.-Pf.

[125] Art. 73 LVerf Rh.-Pf.

[126] Art. 72 LVerf Rh.-Pf.

[127] Brem. WirtschaftskammerG vom 13.12.1982, GBl., S. 361; zur alten Rechtslage Vgl. *E.R. Huber*, Wirtschaftsverwaltungsrecht Bd. 1, S. 209f.; *G. Fischer*, S. 151f.

[128] § 3 Abs. 4 WirtschaftskammerG.

[129] § 2 Nr. 2 WirtschaftskammerG.

[130] Von den Wirtschaftskammern zu unterscheiden sind die Arbeitnehmerkammern, die auf der Grundlage des bremischen Gesetzes über die Arbeitnehmerkammern v. 3.7.1956, brem. GBl. S. 79, gebildet wurden. Ihre Aufgabe ist nicht der Interessenausgleich, sondern die Interessenvertretung der in ihnen organisierten Arbeitnehmer; vgl. hierzu *G. Fischer*, S. 104ff. Eine vergleichbare Einrichtung besteht daneben im Saarland auf der Grundlage v. Art. 59 Saarl. Verf. und dem Gesetz über die Arbeitskammern v. 5.7.1967, Amtsbl., S. 635; vgl. dazu *J. Peters*, S. 34ff.

[131] *K. Schweiger*, in: H. Nawiasky/C. Leusser/K. Schweiger/H. Zacher, Art. 34, Rn. 2.

[132] Die genaue Zusammensetzung ist in Art. 35 Bay Verf. geregelt.

Anträge und Gesetzesvorlagen unmittelbar an den Landtag zu bringen, Art. 39 BayVerf. Auch kann er gegen vom Landtag beschlossene Gesetze, die dem Senat gem. Art. 41 Abs. 1 BayVerf noch vor der Veröffentlichung zur Kenntnisnahme vorzulegen sind, mit Suspensivwirkung Einwendungen erheben[134]; er hat aber keine Möglichkeiten, seine Einwendungen auch durchzusetzen.

Insgesamt ist der Bayerische Senat nicht als echte zweite Kammer[135], sondern eher als beratendes Verfassungsorgan zu qualifizieren[136], dessen Aufgabenbereich sich — über wirtschafts- und sozialpolitische Fragen hinausgehend — auf sämtliche Bereiche der Landespolitik erstreckt.

f) Zusammenfassung

Obwohl dem Wirtschaftsratskonzept durchaus konträre wirtschafts- und gesellschaftspolitische Vorstellungen zugrundeliegen, ist als einheitliches und wesensbestimmendes Merkmal die Repräsentanz der wichtigsten wirtschaftspolitisch relevanten Gruppen zu nennen. Daraus resultiert, daß als Ziel der Tätigkeit von Wirtschaftsräten nicht die Erarbeitung von — nach wirtschaftswissenschaftlichen Kriterien — optimalen Lösungen im Vordergrund steht, sondern ein politischer Interessenausgleich, aufgrund dessen die politisch am leichtesten durchsetzbaren Lösungen erkennbar werden.

Dem Wirtschaftsratsmodell liegt somit eine grundsätzlich andere Beratungskonzeption zugrunde als unabhängigen wissenschaftlichen Beratungsgremien wie dem Sachverständigenrat zur Begutachtung der gesamtwirtschaftlichen Entwicklung; Wirtschaftsräte können deshalb nicht als „echte" Beratungsgremien qualifiziert werden.

2. Die Konzertierte Aktion[137]

Gewisse Ähnlichkeiten mit einem Wirtschaftsrat wies die „Konzertierte Aktion" auf[138], die in Ausführung des § 3 StabG[139] von 1967 bis 1976 versuchte,

---

[133] Hier liegt auch das Schwergewicht der Tätigkeit des Senats, *K. Schweiger*, a.a.O., Art. 40, Rn. 2; zu den weiteren Aufgaben vgl. *H.K. Steininger*, Aufgaben und Befugnisse des Bayerischen Senats außerhalb seiner verfassungsmäßigen Zuständigkeiten, BayVBl. 1987, S. 705ff.

[134] *K. Schweiger*, a.a.O., Art. 41, Rn. 2; *Th. Meder*, Art. 41, Rn. 3.

[135] *Th. Meder*, vor Art. 34, Rn. 1.

[136] Vgl. *K. Steininger*, BayVBl. 1987, S. 705; zur Effektivität des Bayerischen Senats vgl. *J. Herrmann*, BayVBl. 1984, S. 193ff.

[137] Hier soll nur die nach § 3 StabG, nicht aber die aufgrund des § 405a RVO (eingeführt durch das KVKG vom 27.6.1977 (BGBl. I, S. 1069)) gebildete Konzertierte Aktion im Bereich des Gesundheitswesens behandelt werden. Beide werden in einer Zusammenschau dargestellt bei *Chr. Watrin*, Stichwort: Konzertierte Aktion, in: HdWW, Bd. 9, S. 782ff.

[138] Dazu *W. Thiele*, DVBl. 1970, S. 529ff.

[139] Das Gesetz bezeichnet mit dem Begriff „Konzertierte Aktion" ein gleichzeitiges aufeinander abgestimmtes Verhalten der Gebietskörperschaften, Gewerkschaften und

das wirtschaftspolitische Verhalten insbesondere der Tarifpartner und der öffentlichen Hand aufeinander abzustimmen. Die Zusammensetzung dieses Gremiums war in keiner Rechtsvorschrift geregelt; es bestand daher auch kein Rechtsanspruch auf Beteiligung[140]; vielmehr wurden die beteiligten Verbändevertreter von der Bundesregierung berufen. Es kamen in Abständen von zwei bis drei Monaten regelmäßig Vertreter des Deutschen Gewerkschaftsbundes und seiner Einzelgewerkschaften, der DAG, des Bundesverbandes der deutschen Arbeitgeber, des DIHT, des BDI und weiterer Wirtschaftsverbände, die zuständigen Mitglieder des Bundeskabinetts, Vertreter der Bundesbank und zwei bis drei Mitglieder des SVR[141] zusammen. Der Teilnehmerkreis erweiterte sich ständig, was sicher auch ein Grund für das spätere Scheitern der Konzertierten Aktion war[142]. Nach Einreichen der Verfassungsbeschwerde von Arbeitgeberverbänden und einzelnen Unternehmen gegen das MitbestimmungsG von 1976[143] wurde die Konzertierte Aktion von den Gewerkschaftsvertretern boykottiert und ist seitdem nicht mehr zusammengetreten[144]. Die Konzeption der Konzertierten Aktion wurde stark von den Auffassungen des SVR beeinflußt[145]. So schlug der SVR bereits 1965[146] eine „konzertierte Stabilisierungsaktion" vor, die eine abgestimmte Verhaltensänderung der beteiligten Gruppen zur Geldwertstabilisierung bewirken sollte[147]. Hierbei ging es nicht um die Bildung eines weiteren reinen Beratungsgremiums[148], sondern

Unternehmensverbände zur Erreichung der Ziele des § 1 StabG (gesamtwirtschaftliches Gleichgewicht, d.h. gleichzeitige Stabilität des Preisniveaus, hoher Beschäftigungsstand, außenwirtschaftliches Gleichgewicht und stetiges und angemessenes Wirtschaftswachstum). Dagegen hat sich im allgemeinen Sprachgebrauch der Begriff „Konzertierte Aktion" als Bezeichnung für das Gremium eingebürgert, das zur Verhaltensabstimmung in Ausführung des § 3 StabG mehr oder weniger regelmäßig zusammentrat, vgl. dazu *H. Schröder*, S. 419ff.

140 *H.-H. Rupp*, Konzertierte Aktion und freiheitlich-rechtsstaatliche Demokratie, in: *E. Hoppmann* (Hg.), Konzertierte Aktion, S. 11; *W. Thiele*, DVBl. 1970, S. 530. Zu den damit verbundenen Rechtsproblemen, auf die hier nicht näher eingegangen werden kann, Vgl. *K. Biedenkopf*, BB 1968, S. 1005ff. und *K. Stern*, Grundfragen der globalen Wirtschaftssteuerung, S. 17f.

141 Dazu im einzelnen *P. Münch*, in: K. Stern/P. Münch/K. H. Hansmeyer, StabG, § 3 IV.

142 Nach *W. Thiele*, Wirtschaftsverfassungsrecht, S. 255, war die Zahl der Teilnehmer von 34 im Jahre 1967 bis 1974 auf über 100 gestiegen.

143 Vgl. BVerfGE 50, S. 290ff.

144 *H. Siekmann*, S. 98f.

145 *H. Adam*, S. 10.

146 JG 1965/66, BT-Dr. V/123, Vorwort Tz. 8 c, Tz 192, dazu *H. Siekmann*, S. 18.

147 JG 1965/66, BT-Dr. V/123, Tz. 188; in der Folge auch etwa JG 1966/67, BT-Dr. V/1160, Tz. 241ff.; im Anhang IV ist die Stellungnahme der Bundesvereinigung Deutscher Arbeitgeberverbände und des Deutschen Gewerkschaftsbundes abgedruckt (dazu *K. Wegner*, S. 172ff.); JG 1967/68, BT-Dr. V/2310 Vorwort Tz. 9, und JG 1969/70, BT-Dr. VI/100, Tz. 228.

148 Obwohl auch die Konzertierte Aktion ein „Kind (wirtschafts-)wissenschaftlicher Politikberatung" ist, so *H. Siekmann*, S. 184.

um die Schaffung einer Plattform, die Übereinkünfte der wirtschaftspolitisch relevanten gesellschaftlichen Gruppen herbeiführen sollte. Der SVR sprach diesbezüglich von einem „gesellschaftspolitischen Accord" oder einem „neuen contrat social"[149], und auch von einem „Rahmenpakt"[150]. Die Rolle der SVR-Mitglieder und der Vertreter der Bundesbank im Verhältnis zu den Gruppenvertretern innerhalb der Konzertierten Aktion[151] könnte beschrieben werden als neutrale 'Moderation heterogener Interessen'[152], wobei auch die interessenungebundene Vermittlung von Informationen durchaus verhaltenslenkend wirken kann und sicher auch soll[153]. Ob sie aber innerhalb der Konzertierten Aktion nachhaltig zur Konsensbildung zwischen den in § 3 StabG angesprochenen Gruppen beitragen konnten, ist angesichts des durch die Kontroverse um das MitbestimmungsG 1976 ausgelösten Auszuges der DGB-Vertreter, das zum endgültigen Scheitern der Konzertierten Aktion führte, wohl zu verneinen[154].

Angesichts der geringen Konsensfähigkeit innerhalb der Konzertierten Aktion und ihres kläglichen Endes erweisen sich die rechtlichen Bedenken, die gegen die Zulässigkeit einer demokratisch nicht legitimierten erheblichen Machtkonzentration auf Verbandsebene erhoben wurden[155], jedenfalls aus der ex-post-Betrachtung als unbegründet[156].

Neuerdings wird von sozialdemokratischer Seite die Wiederbelebung der Konzertierten Aktion gefordert[157].

3. Zentralbehörde für volkswirtschaftliche Gesamtrechnung

Der wissenschaftliche Beirat im Bundesministerium für Wirtschaft schlug in seinen Gutachten vom 3. 6. 1956 und 8. 7. 1956[158] die Bildung einer „Zentralbehörde für volkswirtschaftliche Gesamtrechnung" vor. Sie sollte von „drei wissenschaftlich hochqualifizierten hauptamtlichen Fachkräften geleitet werden, die eine rechtliche Stellung analog jener von Rechnungshof-Präsidenten

---

149 JG 1965/66, BT-Dr. V/123, Vorwort Tz. 8 c.

150 JG 1967/68, BT-Dr. V/2310, Tz. 312ff.; JG 1968/69, BT-Dr. V/3550, Tz. 183ff.

151 S. dazu unten Teil B. II. 3.

152 *G. Dietzel*, S. 171.

153 *H. Siekmann*, S. 126f.

154 Ausführlich zum Scheitern der Konzertierten Aktion *H. Siekmann*, S. 280ff.

155 Vgl. nur *H.-H. Rupp*, in: E. Hoppmann (Hg.), Konzertierte Aktion, S. 7, der die Konzertierte Aktion als Wirtschaftsparlament nach Art des Reichswirtschaftsrates ansah; dagegen bereits *Chr. Böckenförde*, Der Staat Bd. 11 (1973), S. 367, 370; *K. Stern*, Grundfragen ..., S. 15ff.; *P. Badura*, S. 65.

156 Zur Einschätzung der Gesprächsrunden durch die Teilnehmer vgl. *H. Siekmann*, S. 277f.

157 BT-Dr. 10/5841, S. 5, 8.

158 Gutachten des wissenschaftlichen Beirats beim BMWi 4. Band (Januar 1955 — Dezember 1956), Thema: Instrumente der Konjunkturpolitik und ihre rechtliche Institutionalisierung, S. 34ff., 63f.

haben müssen"[159]. Ihre Aufgabe sollte die Unterstützung der Regierung bei Erstellung ihres Wirtschaftsprogramms und die laufende Beratung der Regierung, sowohl auf Anforderung als auch aus Eigeninitiative, sein.

Damit sollte dieses Gremium zwar rechtlich unabhängig sein, als Beratungsorgan allerdings allein für die Regierung tätig werden, nicht aber, wie der SVR, für andere wirtschaftspolitisch verantwortliche Instanzen[160]. Der Beirat ließ es ausdrücklich offen, ob etwa das Parlament die Schaffung eines eigenen wirtschaftspolitischen Büros zur Prüfung und Kritik des Wirtschaftsprogramms der Regierung für notwendig erachte[161], um dadurch ein Gegengewicht zur weiter verbesserten Fachkompetenz der Ministerien zu bilden[162].

4. Vorschlag für ein „öffentliches gutachtliches Spruchwesen für wirtschaftliche und soziale Fragen"

Willeke schlug 1963 die Errichtung eines „öffentlichen gutachtlichen Spruchwesens für wirtschaftliche und soziale Fragen" vor[163]. Dieses sollte zum einen aus unabhängigen Sachverständigen bestehen, die in ihrer Urteilsfindung den Status eines Richters haben sollten, zum anderen aus „kontrahierenden Mitgliedern", die ersteren als Vertreter der entsprechenden Interessengruppen (insbesondere aus Wirtschaft und Gewerkschaften) sowie der staatlichen Verwaltung gesetzlich zugeordnet werden sollten[164]. Als Aufgabe war dem „Spruchwesen" unter anderem die „Objektivierung" der Lohnfindung und die Lösung von allgemeinen, sozialen und insbesondere ökonomischen Grundproblemen zugedacht.

Das sollte zunächst durch gutachtliche Stellungnahmen erfolgen; könnten die Sozialpartner auf dieser Basis keine Einigung erreichen, sollte ein „gutachtlicher Empfehlungsspruch" gefällt und mit Hilfe der Öffentlichkeit durchgesetzt werden[165].

In diesem Vorschlag vereinigen sich Elemente einer unabhängigen Beratung (wie beim SVR) mit solchen eines Koordinierungsgremiums, vergleichbar mit der Konzertierten Aktion. Die Möglichkeiten für die Durchsetzung dieser gutachtlichen Vorschläge sollten aber wesentlich effektiver ausgestaltet werden als in der Konzertierten Aktion.

Der Vorschlag Willekes hat keine weitere Resonanz gefunden.

---

[159] Gutachten, a.a.O., S. 63 Tz. 81.

[160] Vgl. § 1 Abs. 1 SVRG.

[161] Gutachten, a.a.O., S. 64 Tz. 84.

[162] *K. Wegner*, S. 18.

[163] *E. Willeke*, Zur Konstituierung der vierten Gewalt, in: ZgesStW Bd. 119 (1963), S. 639ff.

[164] *E. Willeke*, a.a.O., S. 656.

[165] *E. Willeke*, a.a.O., S. 654ff.

5. Der wissenschaftliche Beirat im Bundesministerium für Wirtschaft

Die häufigste Form der Politikberatung sind Beiräte[166], von denen es insbesondere in den Bundesministerien eine Vielzahl gibt[167], davon allein achtzehn beim Bundesministerium für Wirtschaft[168]. Mitglieder sind idR Wissenschaftler, sonstige Sachverständige und Verbandsvertreter. Sie beschäftigen sich idR mit speziellen wirtschaftspolitischen Fragen, so z.B. der Kohlebeirat, der Außenwirtschaftsbeirat usw[169].

Lediglich der aus 25 Wissenschaftlern bestehende wissenschaftliche Beirat beim Bundesministerium für Wirtschaft[170] hat ein ähnlich weites Aufgabenfeld wie der SVR. Er soll den Bundeswirtschaftsminister in allen Fragen der Wirtschaftspolitik beraten[171]. Entstanden ist er bereits im Januar 1948 als „wissenschaftlicher Beirat der Verwaltung für Wirtschaft des Vereinigten Wirtschaftsgebietes"[172]. Er besteht nur aus Hochschullehrern, die vom Minister auf Vorschlag des Beirats[173] auf unbegrenzte Zeit[174] ernannt werden.

Der Beirat äußert sich zu selbstgewählten Themen[175] durch Gutachten, die dem Wirtschaftsminister zugeleitet und veröffentlicht werden[176]. Dem wissenschaftlichen Beirat ist bei seiner Tätigkeit die „volle Unabhängigkeit" garantiert[177], allerdings nur aufgrund einer vom Minister kraft Organisationsgewalt der Regierung[178] erlassenen „Satzung"[179], die der Minister jederzeit aufheben

---

166 *W. Wilhelm*, S. 5.

167 Nach *G.F. Schuppert*, S. 269 bestanden schon 1969 einhundertneunzig Beiräte. Andere Schätzungen gehen von wesentlich höheren Zahlen aus.

168 Vgl. *E. Schiffer* (Hg.), Staatshandbuch, Teilausgabe Bund, 1982, S. 237.

169 Zu diesen und anderen Formen der Beratung der Bundesministerien zusammenfassend *K. Mayer/R. Görgen*, Die Wissenschaftliche Beratung der Bundesministerien, in: Aus Politik und Zeitgeschichte, 1979, Heft 38, S. 31ff.; *W. Wilhelm*, Wissenschaftliche Beratung der Politik in der Bundesrepublik Deutschland. Probleme wissenschaftlicher Beiräte in Bundesministerien ... 1968; *G. Weisser*, S. 30ff.

170 Dazu ausführlich *W. Koch*, S. 405ff.; *W. Wilhelm*, S. 25ff.

171 § 1 der „Satzung", abgedruckt in: Sammelband der Gutachten des wissenschaftlichen Beirats beim BMWi 1948-1972, 1973, S. 619ff.

172 *Friderichs*, Geleitwort zum Gutachten-Sammelband, a.a.O., S. XIII.

173 § 3 der Satzung, der damit faktisch ein Kooptationsrecht hat, *H. Friderichs*, Geleitwort a.a.O., S. XIII; *Möller*, ebda S. XIX. Zur Problematik der fehlenden Repräsentanz unterschiedlicher politischer Strömungen im Beirat, *W. Wilhelm*, S. 182f.

174 Nach Vollendung des siebzigsten Lebensjahres hat ein Mitglied allerdings nur noch beratende Funktion, § 5 der Satzung.

175 § 7 der Satzung.

176 § 9 der Satzung; den Zeitpunkt der Veröffentlichung bestimmt der Minister für Wirtschaft. In einem Fall wurde die Veröffentlichung um vier Jahre verzögert, *W. Wilhelm*, S. 27.

177 § 1 der Satzung.

178 *W. Wilhelm*, S. 177.

179 Der Begriff ist hier aber untechnisch zu verstehen, denn es handelt sich nicht etwa um einen aufgrund der Satzungsautonomie des Beirats erlassenen Rechtssatz (was für eine

kann[180]. Adressat der Beratungstätigkeit des Beirats ist der Bundesminister für Wirtschaft[181]; er ist damit Beratungsorgan der Exekutive. Organisatorisch ist er der Grundsatzabteilung des BMWi zugeordnet, die auch die Sekretariatsgeschäfte des Beirats erledigt[182].

Eine klare normative Abgrenzung der Aufgabenbereiche zwischen dem wissenschaftlichen Beirat beim BMWi und dem SVR besteht, abgesehen vom unterschiedlichen Adressatenkreis der Beratung, nicht. Während die Tätigkeit des SVR ihren Schwerpunkt in der aktuellen Konjunkturpolitik hat[183] und eher auf wirtschaftspolitische Globalsteuerung ausgerichtet ist[184], widmet sich der Beirat mehr grundsätzlichen ordnungspolitischen Aspekten[185] spezieller wirtschaftspolitischer Problempunkte. Da dem Beirat (anders als beim SVR) keine eigenen wissenschaftlichen Hilfskräfte zur Verfügung stehen, führt er keine eigenen Materialuntersuchungen durch[186]. Darüber hinaus ist der Öffentlichkeitsbezug beim Beirat wesentlich geringer als beim SVR, für den letztere eine entscheidende Wirksamkeitsvoraussetzung ist. Eine Arbeitsteilung zwischen beiden Gremien, die Überschneidungen vermeiden kann, soll dadurch erleichtert werden, daß ständig auch einige Mitglieder des SVR dem wissenschaftlichen Beirat beim BMWi angehören[187].

IV. Dem SVR nachgebildete Beratungsorgane

Das Gesetz über den Sachverständigenrat zur Begutachtung der gesamtwirtschaftlichen Entwicklung diente als Vorbild für weitere unabhängige Beratungsgremien. Aus dem politischen Raum wurden und werden Vorschläge gemacht,

Satzung erforderlich wäre; vgl. zum Begriff *F. Ossenbühl*, in: H.U. Erichsen/W. Martens, § 7 VI 1.), sondern um eine vom Minister dem Beirat zum zehnjährigen Bestehen (*W. Wilhelm*, S. 25) „geschenkte" Urkunde, die wohl eher als Verwaltungsvorschrift zu qualifizieren ist. Außerdem wird die Unabhängigkeit ministerieller Beiräte durch § 62 GGO I festgelegt.

180 *G. Dietzel*, Wissenschaft und staatliche Entscheidungsplanung, S. 127f.

181 § 1 der Satzung; a.A. *W. Wilhelm*, der auch das Parlament, die Parteien und die Öffentlichkeit einbeziehen will.

182 Vgl. § 11 der Satzung.

183 Zu diesem Zweck hatte der wissenschaftliche Beirat durch sein Gutachten „Instrumente der Konjunkturpolitik und ihre rechtliche Institutionalisierung" vom 3.6. und 8.7.1956 bereits ein Expertengremium vorgeschlagen und damit einen Anstoß zur Bildung des SVR gegeben, s.o. Teil A. III. 3.

184 Vgl. § 2 SVRG.

185 *W. Wilhelm*, S. 29f.; *O. Lambsdorff*, in: Vorwort zu Gutachten des wissenschaftlichen Beirats beim BMWi, 1981 bis 1983, Bd. 11, S. XI.

186 *W. Koch*, Der wissenschaftliche Beirat beim BMWi, S. 406.

187 *A. Möller*, in: Sammelband der Gutachten des Beirats, a.a.O., S. XXII; z.B. etwa *A. Gutowski*, der von 1970-1978 beiden Gremien angehörte; *A. Gutowski*, S. 9. Zur wirtschaftspolitischen Konzeption des Beirats, auf die hier nicht näher eingegangen werden kann, vgl. *W. Koch*, S. 409ff.

für neue politische Aufgabenfelder dem SVR vergleichbare Beratungsorgane zu bilden.

1. Die Monopolkommission

Ein Beratungsorgan mit ebenfalls gesetzlich garantierter Unabhängigkeit[188] ist die Monopolkommission, die durch die zweite Kartellgesetznovelle[189] aufgrund von § 24b GWB errichtet wurde[190]. Die rechtliche und organisatorische Ausgestaltung dieser Vorschrift ist weitgehend an das SVRG angelehnt[191], während institutionelles Vorbild die britische Monopolies and Mergers Commission war[192]. Ihre Aufgabe ist in erster Linie die regelmäßige Begutachtung der Entwicklung der Unternehmenskonzentration in der Bundesrepublik Deutschland[193]. Sie besteht aus fünf Mitgliedern, die über besondere volkswirtschaftliche, betriebswirtschaftliche, sozialpolitische, technologische oder wirtschaftsrechtliche Kenntnisse und Erfahrungen verfügen müssen. Sie werden durch den Bundespräsidenten auf Vorschlag der Bundesregierung berufen. Die persönliche Unabhängigkeit der Mitglieder soll durch eine mit § 1 Abs. 3 SVRG übereinstimmende Vorschrift[194] gesichert werden. Ebenfalls zur Sicherung der Unabhängigkeit wurde die Geschäftsstelle der Kommission nicht dem Bundeswirtschaftsministerium oder dem Kartellamt, sondern dem Bundesverwaltungsamt in Köln zugeordnet[195].

Die Monopolkommission erstellt alle zwei Jahre ihr Hauptgutachten, in dem sie den jeweiligen Stand der Unternehmenskonzentration sowie deren absehbare Entwicklung unter wirtschafts-, insbesondere wettbewerbspolitischen Gesichtspunkten und die Anwendung der §§ 22-24a GWB würdigen soll[196]. Dieses wird veröffentlicht; die Bundesregierung nimmt hierzu gegenüber den gesetzgebenden Körperschaften Stellung[197]. Darüber hinaus kann die Monopolkommission nach eigenem Ermessen zusätzliche Gutachten erstellen[198]. Insoweit wurden

---

[188] § 24b Abs. 4 S. 1 GWB.

[189] Gesetz vom 3.8.1973 (BGBl. I, S. 917).

[190] Die Notwendigkeit der Monopolkommission wurde anfänglich bestritten, so etwa die gemeinsame Stellungnahme der Spitzenverbände der deutschen Wirtschaft, abgedruckt in: WRP 1972, S. 125. Auch der Rechtsausschuß des Deutschen Bundestages empfahl die Streichung des § 24b GWB, BT-Dr. 7/765, S. 15. Vgl. auch *P. Raisch*, in: P. Raisch/ A. Sölter/U. Kartte, Fusionskontrolle, 1970, S. 35.

[191] *E. Kantzenbach*, Die Monopolkommission — gesetzlicher Auftrag und erste Erfahrungen, in: Volkswirtschaftliche Korrespondenz der Adolf-Weber-Stiftung Nr. 8/1977; amtliche Begründung BT-Dr. VI/2520, S. 25.

[192] *U. Immenga*, DB 1984, S. 31; Vgl. auch *E. J. Mestmäcker*, S. 853ff.

[193] § 24b Abs. 1 S. 1 GWB.

[194] § 24 Abs. 2 GWB.

[195] *E.J. Mestmäcker*, a.a.O., S. 859; *E. Kantzenbach*, a.a.O.

[196] § 24b Abs. 5 S. 1, Abs. 3 GWB.

[197] § 24b Abs. 5, S. 2, 3 GWB.

[198] § 24b Abs. 5 S. 4 GWB.

gegen die Beratungsaufgaben der Kommission keine wesentlichen rechtlichen Bedenken geltend gemacht[199], obwohl der gesetzliche Auftrag der Monopolkommission hinsichtlich der Würdigung der Anwendung der §§ 22 - 24a GWB weitergeht als derjenige des SVR, der gem. § 2 S. 6 SVRG einem Empfehlungsverbot für bestimmte wirtschafts- und sozialpolitische Maßnahmen unterliegt[200].

Weitergehend kann die Bundesregierung die Monopolkommission mit der Erstattung zusätzlicher Gutachten beauftragen[201]. Durch die vierte Kartellnovelle[202] neu eingeführt wurde die Pflicht des Bundesministers für Wirtschaft, bei ihm nach § 24 Abs. 3 GWB vorliegenden Entscheidungen über die Erlaubnis eines im übrigen verbotenen Unternehmenszusammenschlusses eine gutachtliche Stellungnahme der Monopolkommission einzuholen[203]. Bereits im ersten Referentenentwurf zur zweiten Kartellnovelle[204] war eine Beteiligung der Monopolkommission an Einzelentscheidungen der kartellrechtlichen Fusionskontrolle vorgesehen, wurde dann aber wegen erheblicher rechtlicher Bedenken[205] wieder fallengelassen. Die Beteiligung eines unabhängigen Beratungsgremiums an Einzelentscheidungen der Exekutive kann erhebliche Konsequenzen, etwa hinsichtlich der Justitiabilität von Gutachten[206] haben und geht insoweit erheblich über die Rechte des SVR hinaus.

2. Der Rat von Sachverständigen für Umweltfragen[207]

Durch Erlaß des Bundesministers des Innern vom 28.12.1971[208] wurde „in Anlehnung an den SVR“[209] ein aus zwölf Mitgliedern bestehender Rat von Sachverständigen für Umweltfragen gebildet[210]. Der Aufgabenbereich ist

---

[199] *A. Gleiss/R. Bechthold*, BB 1973, S. 1142, 1151.

[200] S. dazu unten Teil B. III. 5.

[201] § 24b Abs. 5 S. 5 GWB.

[202] Gesetz vom 26.4.1980 (BGBl. I, S. 458, 460).

[203] Dies geschah auf Vorschlag des Wirtschaftsausschusses des Deutschen Bundestages, der die bisherige Praxis gesetzlich festschreiben wollte, BT-Dr. 8/3690, S. 28.

[204] § 24b Abs. 4, vom 20.3.1970, abgedruckt bei *R. Scholz*, Konzentrationskontrolle und Grundgesetz, 1971, Anhang.

[205] Vgl. *P. Raisch*, a.a.O., S. 35; *A. Gleiss/R. Bechthold*, BB 1973, S. 1142, 1152; *Wiss. Beirat beim BMWi*, Bulletin der Bundesregierung 1970, S. 250; *E. J. Mestmäcker*, a.a.O., S. 855.

[206] Vgl. *P. Raisch*, a.a.O.

[207] Vgl. dazu *D. Masberg*, Stichwort: Sachverständigenrat für Umweltfragen, in: W. Bohling/D. Masberg, Lexikon Wirtschaftspolitik, S. 164f.

[208] Abgedruckt in: GMBl. 1972, S. 27 und in: Bulletin der Bundesregierung vom 4. 1. 1972, S. 6.

[209] Bulletin, a.a.O.

[210] Die Bundesregierung folgte damit nicht den im Gutachten zur geeigneten Organisationsform der wissenschaftlichen Beratung der Bundesregierung in Umweltfragen ...

ebenso wie beim SVR sehr weit gesteckt: Zur Erleichterung der Urteilsbildung bei *allen* umweltpolitisch verantwortlichen Instanzen sowie in der Öffentlichkeit soll er periodisch die Umweltsituation und die Umweltbedingungen in der Bundesrepublik Deutschland begutachten[211]. Auch ist ihm die Unabhängigkeit in seiner Tätigkeit garantiert[212]. Rechtsgrundlage ist aber lediglich eine Verwaltungsvorschrift, nicht ein förmliches Gesetz. Hierin liegt die Begründung für einen der entscheidenden Unterschiede im institutionellen und politischen Gewicht der beiden Beratungsgremien.

Daneben sind als weitere Differenzen[213] zu nennen:

— die Gutachten werden über den Bundesminister des Innern den im Kabinettsausschuß für Umweltfragen vertretenen Bundesministern zugeleitet[214], nicht aber dem Parlament,

— eine Pflicht zur Stellungnahme der Bundesregierung zu den Gutachten besteht nicht,

— zwar werden die Gutachten grundsätzlich veröffentlicht; den Zeitpunkt der Veröffentlichung bestimmt aber der Bundesminister des Innern[215],

— die Mitglieder werden vom Bundesminister des Innern ernannt, nicht vom Bundespräsidenten.

So wird denn auch der Stellenwert des Sachverständigenrates für Umweltfragen eher in der Nähe ministerieller Beiräte angesiedelt[216]. Dem entspricht die relativ geringe Resonanz, die die Gutachten in der Öffentlichkeit finden.

3. Bisher nicht realisierte Vorschläge für Sachverständigenräte

a) Sachverständigenrat zur Bewertung von Subventionen

Das Land Niedersachsen brachte am 24.8.1984 in den Bundesrat den „Entwurf eines Gesetzes über die Bildung eines Sachverständigengremiums zur Bewertung von Subventionen"[217] ein, da nach Ansicht der niedersächsischen

(vom 30. 7. 1971, in: zu BT-Dr. VI/2710, S. 565ff.) gemachten Vorschlägen, die eine umfangreiche, mehrstufige und mit hauptamtlich tätigen Wissenschaftlern besetzte Beratungsorganisation vorsah. Dazu *G. Picht*, Merkur 1972, S. 309ff.; *H.-H. Rupp*, JZ 1971, S. 401ff., 404 entwickelte ein Konzept für eine in „Formen des Privatrechts" eingekleidete (Beratungs-) Organisation.

211 § 1 des Erlasses vom 28. 12. 1971, a.a.O.

212 § 3, a.a.O.

213 Vgl. *G. Dietzel*, ZRP 1973, S. 98.

214 § 10 Abs. 1 des Erlasses, a.a.O.

215 § 10 Abs. 3 des Erlasses.

216 *H.H. v. Arnim*, S. 332; *G. Dietzel*, ZRP 1973, S. 98 nennt die Anlehnung des Erlasses an das SVRG einen „leichten ministeriellen Etikettenschwindel mit Publikumswirksamkeit".

217 BR-Dr. 416/84.

Landesregierung allein eine Übersicht gewährter Finanzhilfen, die die Bundesregierung gem. § 12 StabG alle zwei Jahre in ihrem Subventionsbericht veröffentlicht, nicht ausreiche; vielmehr sei eine wissenschaftlich fundierte Bewertung erforderlich[218]. Damit griff die niedersächsische Landesregierung Vorschläge aus der Wissenschaft auf, die in die gleiche Richtung gingen[219].

Die Ausgestaltung des Gesetzentwurfs, der einen Rat von fünf Sachverständigen mit gesetzlich garantierter Unabhängigkeit[220] vorsah, knüpft bewußt an das SVRG an, „weil das Sachverständigengremium zur Bewertung von Subventionen mindestens von gleicher Bedeutung und fachlicher Qualifikation sein muß, wenn es erfolgreich arbeiten soll“[221].

Der Gesetzentwurf wurde an die zuständigen Ausschüsse überwiesen[222], ist bisher aber nicht realisiert worden.

In die gleiche Richtung ging der Vorschlag von *P.J. Tettinger* auf dem 55. Deutschen Juristentag, auf Bundesebene „eine Sachverständigenkommission für das Subventionswesen mit dem Ziel einer Reduzierung von Subventionen und der Durchsetzung sowie der Verbesserung des rechtlichen Ordnungsrahmens für das Subventionswesen zu institutionalisieren, zusammengesetzt aus den Bereichen Wirtschaftsverwaltung, Wissenschaft und Verbände“[223].

b) Beratungsgremium zur Bewertung technologischer Entwicklungen

Ein Beratungsdefizit insbesondere der Legislative wurde im Bereich der Bewertung der technologischen Entwicklung und der Technologiefolgenabschätzung ausgemacht. Bei der Diskussion über einen Antrag der CDU-Opposition zur Einrichtung eines Amtes zur Bewertung technologischer Entwicklungen beim Deutschen Bundestag[224] im Bundestagsausschuß für Forschung und Technologie wurde unter anderem auch der Vorschlag erörtert, einen Sachverständigenrat ähnlich dem SVR zu berufen, der über die Bewertung technologischer Entwicklungen der Bundesregierung jährlich Bericht erstatten sollte[225].

---

[218] Begr., BR-Dr. 416/84.

[219] *H. H. v. Arnim*, Gemeinwohl und Gruppeninteressen, S. 352ff. mwN. in Fn. 111.

[220] §§ 1, 3 des Entwurfs, a.a.O.

[221] Begr. zu § 1, BR-Dr. 416/84.

[222] BR-Prot. 541. Sitzung 1984, S. 400 B; zur Begr. des Entwurfs *B. Breuel*, ebda, S. 419f.

[223] Verhandlungen des fünfundfünfzigsten Deutschen Juristentages Hamburg 1984, Bd. II, Sitzungsberichte Teil M, S. 196; zur Begründung vgl. *P.J. Tettinger*, ebda, S. 170; der Vorschlag wurde bei Stimmengleichheit abgelehnt.

[224] In Anlehnung an das Office of Technology Assessment beim Kongreß der Vereinigten Staaten, BT-Dr. 7/468; vgl. dazu *F. Büllingen*, in: Aus Politik und Zeitgeschichte 1987, B. 19 - 20, S. 26ff.

[225] Bericht der Abgeordneten *Haenschke, Hoffie* und *Lenzer*, BT-Dr. 7/3802, S. 2.

Im Ergebnis wurde aber die Errichtung eines neuen Beratungsgremiums von der Ausschußmehrheit hierfür als nicht erforderlich angesehen[226].

Die am 14. 7. 1986 veröffentlichten Vorschläge der Enquete-Kommission „Einschätzung und Bewertung von Technikfolgen; Gestaltung von Rahmenbedingungen der technischen Entwicklung“ des Deutschen Bundestages[227] verfolgen das Konzept eines unabhängigen Sachverständigenrates nicht weiter, sondern sehen eine ständige, beim Deutschen Bundestag angesiedelte „Beratungskapazität“ vor, die in der Geschäftsordnung des Bundestages verankert werden soll[228].

V. Vergleichbare ausländische und internationale Beratungsgremien

1. Wirtschaftsratsähnliche Gremien

Eine Reihe von Mitgliedstaaten der Europäischen Gemeinschaft[229] und auch die Europäische Gemeinschaft selbst[230] verfügen über wirtschafts- und sozialpolitische Beratungsgremien[231], die wegen der großen Mitgliederzahl, der repräsentativen Besetzung[232] und ihrer Aufgabenstellung eher dem Wirtschaftsratsmodell[233] entsprechen. Das gilt auch für den kanadischen Wirtschaftsrat[234], der dem britischen national economic developement council nachgebildet ist[235]. Bei der österreichischen „paritätischen Kommission für Lohn- und Preisfragen“ steht der Interessenausgleich zwischen Tarifparteien im Vordergrund[236]. Da sie keine gesetzliche Grundlage hat, wird sie dem Privatrechtsraum zugerechnet[237].

---

[226] Bericht a.a.O., S. 3.

[227] BT-Dr. 10/5844.

[228] Als § 56a der GeschO BT; BT-Dr. 10/5844, S. 5; vgl. dazu *J. Bugl*, UPR 1986, S. 401 f.; *C. Böhret*, in: Aus Politik und Zeitgeschichte 1987, B. 19- 20, S. 3 ff.

[229] Frankreich, Italien, Niederlande, Belgien, Luxemburg, Dänemark, Irland, Großbritannien.

[230] Wirtschafts- und Sozialausschuß, Art. 193 ff. EWG-Vertrag vom 25.3.1957, BGBl. II S. 766; dazu *H. G. Brüske*, passim.

[231] Vgl. dazu im einzelnen *D. Sperling*, Wirtschaftsräte im europäischen Verfassungssystem, JöR Bd. 14 (1965), S. 195, 223 ff.; *K. Winterhoff*, Historischer und vergleichender Überblick über Modelle eines Wirtschafts- und Sozialrates in Deutschland und in den Nachbarstaaten, JöR Bd. 25 (1976), S. 115, 121 ff.; *B. O. Bryde*, Zentrale wirtschaftspolitische Beratungsgremien in der parlamentarischen Verfassungsordnung, 1972, S. 57 ff.; *H. Waschke*, Zentrale wirtschaftspolitische Beratungsgremien im Ausland, 1977.

[232] Alle haben neben unabhängigen Sachverständigen auch Arbeitgeber- und Arbeitnehmervertreter als Mitglieder.

[233] S. oben Teil A. III. 1.

[234] Economic Council of Canada, dazu *H. Waschke*, a.a.O., S. 42 ff.

[235] *H. Waschke*, a.a.O.

[236] *K. Korinek*, in: Festschrift für Marcic Bd. II, S. 1025, 1041.

[237] *K. Korinek*, a.a.O., S. 1043.

2. Der Council of Economic Advisers (CEA)

Als wissenschaftliches Beratergremium ohne Interessenvertreter ist der US-Amerikanische Council of Economic Advisers konzipiert. Er wurde durch den Employment Act von 1946[238] geschaffen. Ziel dieses Gesetzes war die Überführung der amerikanischen Kriegswirtschaft in eine Friedenswirtschaft unter Anstrebung eines „Maximums" von „Beschäftigung, Wachstum und Preisstabilität"[239]. Gewisse Ähnlichkeiten mit dem SVR, dem der CEA als Vorbild gedient haben mag[240], sind nicht zu übersehen. Er besteht aus drei hauptamtlich tätigen Wirtschaftsberatern, denen wiederum ein Stab von 20-25 Mitarbeitern zur Verfügung steht[241]. Jährlich im Dezember erstattet er einen eigenen Bericht[242]. Er soll laufend die wirtschaftliche Entwicklung beobachten und hierzu Informationsmaterial zusammentragen. Damit dürften die wesentlichen Gemeinsamkeiten mit dem SVR bereits aufgezählt sein; die insbesondere institutionellen Unterschiede überwiegen[243]. Der Council ist Teil des Executive Office of the President. Die Mitglieder werden vom Präsidenten ernannt und vom Senat bestätigt. Sie können jederzeit abberufen werden und wechseln mit der jeweiligen Regierung[244]. Seine Beratungsaufgaben sind vollständig auf den Präsidenten zugeschnitten. So wirkt er bei der Abfassung des „economic report", den der Präsident im Januar eines jeden Jahres dem Kongress erstattet[245], mit, bewertet die verschiedenen Programme und Handlungen der Bundesregierung und gibt dem Präsidenten diesbezüglich Ratschläge[246]. Sofern die Haltung des CEA der Regierungspolitik gegenüber kritisch ist, wird der council sich nur intern entsprechend äußern[247]. Nach außen tritt er faktisch als Sprecher der Regierung auf[248] und soll eine Wirtschaftspolitik verfolgen, die die „Wiederwahl des Präsidenten ermögliche"[249]. Somit ist der CEA zwar ein

238 Auszugsweise abgedruckt bei *K. Brandt*, Der wirtschaftswissenschaftliche Beraterstab des Präsidenten der USA, in: Die Aussprache 1969, S. 262f.

239 Employment Act section 2, abgedruckt bei *H. Wallich*, Der Council of Economic Advisers, in: Probleme der normativen Ökonomik und der wirtschaftspolitischen Beratung, S. 472, 474. Vgl. hierzu die Zielformulierung des § 1 S. 2 StabG, § 2, S. 2 SVRG.

240 *H. Wallich*, in: Quaterly Journal of Economics, Vol. 82 (1968), S. 349.

241 *S. Borner*, Die amerikanische Stabilitätspolitik seit 1946, S. 17.

242 Employment Act, a.a.O., Section 4 d.

243 Ausführliche Vergleiche finden sich bei *H. Wallich*, The American Council of Economic Advisers und the German Sachverständigenrat, A study in the economics of advice, in: Quaterly Journal of Economics, Vol. 82 (1968), S. 349ff.; ders., The German Council of Economic Advisers in an American Perspective, ZgesStW Bd. 140 (1984), S. 355ff.

244 *H. Wallich*, ZgesStW Bd. 140, S. 356.

245 Dazu *H. Wallich*, in: Probleme der normativen Ökonomik ..., a.a.O., S. 475ff.

246 Employment Act, Section 4 c (3), zit. nach K. Brandt, a.a.O.

247 „Inside advice", so *H. Wallich*, ZgesStW Bd. 140, S. 361, 362f.

248 *H. Wallich*, ZgesStW Bd. 140, S. 361, 356.

249 *K.D. Arndt*, „IV/2890", in: Konjunkturpolitik 1956, S. 1, 4; zur „advocacy function" *S. Borner*, Die amerikanische Stabilitätspolitik ..., S. 75.

wirtschaftswissenschaftliches Beratungsorgan mit gesetzlicher Grundlage, das aber eindeutig der Exekutive zuzurechnen ist. Das wurde kürzlich noch dadurch deutlich hervorgehoben, daß der Vorsitzende des CEA den Rang eines Kabinettsmitglieds erhalten hat[250].

3. Die schweizerische „Expertengruppe Volkswirtschaftspolitik"

In der Schweiz bestand für eine Probephase eine vom Eidgenössischen Volkswirtschaftsdepartement eingesetzte „Expertengruppe Wirtschaftspolitik", die in Anlehnung an den SVR aus jeweils drei Professoren gebildet wurde[251]. Eine besondere Rechtsgrundlage hierfür bestand nicht[252]. Sie erstellte in den Jahren 1977, 1978 und 1979 Jahresgutachten über die Lage und Entwicklung der schweizerischen Wirtschaft, die aber keine wesentlichen politischen Wirkungen zeitigten[253], weshalb ihr Auftrag nicht verlängert wurde.

VI. Zusammenfassung

Der Sachverständigenrat zur Begutachtung der gesamtwirtschaftlichen Entwicklung wurde konzipiert als unabhängiges wissenschaftliches Sachverständigengremium, das im Gegensatz zu den — insbesondere im Ausland weitverbreiteten — am Wirtschaftsratsmodell orientierten Gremien keine repräsentativen Elemente enthält.

Von anderen Beratungsgremien, wie etwa den Beiräten oder dem amerikanischen CEA unterscheidet er sich dadurch, daß er nicht einer Staatsgewalt, idR der Exekutive, zuzuordnen ist.

Somit kann festgestellt werden, daß der deutsche Sachverständigenrat zur Begutachtung der gesamtwirtschaftlichen Entwicklung in den westlichen Industriestaaten das einzige „echte" zentrale wirtschaftswissenschaftliche Sachverständigengremium darstellt, das mit einer gesetzlich garantierten und auch faktisch vorhandenen Unabhängigkeit von den anderen Staatsgewalten ausgestattet ist[254]. Allein die ihm nachgebildete deutsche Monopolkommission hat eine vergleichbare Rechtsstellung.

---

[250] *W. Seuß*, in: FAZ v. 31.10.1987, S. 14.

[251] *S. Borner*, Die wissenschaftliche Beratung der Politik, in: Timmermann (Hg.), Nationalökonomie Morgen, 1981, S. 299, 302.

[252] Der schweizerische Bundesrat ist jedoch aufgrund Art. 104 der schweizerischen Bundesverfassung generell ermächtigt, für besondere Geschäfte „Sachkundige" beizuziehen.

[253] *S. Borner*, a.a.O.

[254] Vgl. *G. Colm*, Comments on the German Economic Report, in: Weltwirtschaftliches Archiv, Bd. 95 (1965 II), S. 1.

B. Aufgaben des Sachverständigenrates

I. Funktion und Adressaten der Ratstätigkeit

Nach § 1 Abs. 1 SVRG wird der Rat gebildet zur „Erleichterung der Urteilsbildung[1] bei allen wirtschaftspolitisch verantwortlichen Instanzen[2] sowie in der Öffentlichkeit". Durch die Gutachtertätigkeit soll ein „wesentlicher Beitrag zur Versachlichung der wirtschaftspolitischen Auseinandersetzung" geleistet werden[3]. Damit steht nicht die Beiziehung zusätzlichen wissenschaftlichen Sachverstandes zur Erstellung von Entscheidungsgrundlagen des Staates im Vordergrund, sondern die Durchsetzbarkeit der Wirtschaftspolitik in der Öffentlichkeit[4]. Hilfestellung erhält nicht nur die Regierung durch Argumentationshilfen für „unpopuläre" stabilitätspolitische Maßnahmen[5], sondern auch die Opposition, der eine wissenschaftlich fundierte Erfolgskontrolle der Regierungspolitik geliefert wird[6].

Als wichtige Adressaten der Gutachten werden außer den staatlichen Instanzen in Exekutive und Legislative insbesondere die Tarifparteien, denen lohnpolitische Leitlinien nahegelegt werden[7], angesehen[8].

---

[1] Auch wenn der Rat diese Funktion nicht als Beratung verstanden wissen will (JG 1966/67, BT-Dr. V/1160, Vorwort Tz. 6; ebenso *O. Sievert*, S.28), wird sie im weiteren als Beratungstätigkeit (jedenfalls im weiteren Sinne) bezeichnet; insbesondere der Auftrag zur Erarbeitung von Therapievorschlägen (§ 2 S. 6) kann kaum anders gewertet werden, da Entscheidungshilfen (*W. Bauer*, Die Aussprache 1969, S. 298) erstellt werden.

[2] Auf die Frage, wer nach seiner Ansicht de facto zu diesen „Instanzen" zählt, geht der Rat in seinen Gutachten nicht näher ein; *Röper* konstatiert hier eine „gewisse Scheu", diese für die Effektivität der Beratung wichtige Frage näher zu untersuchen (*B. Röper*, ZgesStW Bd. 124 (1968), S. 757f.).

[3] Bericht des Abg. *Junghans*, zu BT-Dr. IV/1320, S. 1.

[4] „Autoritätsfunktion", so *W. Brohm*, in: Handbuch des Staatsrechts, Bd. II, S. 220.

[5] *K. Wegner*, S.2.

[6] Zur „Kontrollfunktion" *W. Brohm*, in: Handbuch des Staatsrechts Bd. II, S. 220; *W. Bauer*, S. 354ff. erkennt einen „systembedingten Gegensatz zwischen Regierung und Sachverständigenrat", der Rat unterliege einem „Oppositionseffekt"; dazu auch *O. Sievert*, S. 31.

[7] Zur stabilitätspolitischen Problematik der Lohnpolitik und der Brisanz von Lohnleitlinien siehe *H. Giersch*, Rationale Wirtschaftspolitik in der pluralistischen Gesellschaft, in: E. Schneider (Hg.), Rationale Wirtschaftspolitik und Planung in der Wirtschaft von heute, S. 137f.; *H. Tietmeyer*, Der Volkswirt 1963, S. 2282.

[8] Das wird im Gesetzestext nicht offen ausgesprochen, sondern „etwas schamhaft" umschrieben (so *F. Rittner*, S. 83 Fn. 68), weil ein Hauptzweck der Gutachten, die Disziplinierung der Lohngestaltung (*H.H. v. Arnim*, Gemeinwohl und Gruppeninteressen, S. 327), mit Blick auf die politische Akzeptanz des SVRG nicht so unumwunden zugegeben werden sollte.

II. Form der Beratung

1. Jahresgutachten

Zentrale Aufgabe des Sachverständigenrates ist die Erstattung des (Jahres-)Gutachtens, das zum 15. November eines jeden Jahres der Bundesregierung zuzuleiten ist[9]. Das Gutachten ist schriftlich abzufassen; dies ist zwar nicht unmittelbar gesetzlich vorgeschrieben, ergibt sich aber daraus, daß es von der Bundesregierung unverzüglich den gesetzgebenden Körperschaften vorzulegen und vom SVR zu veröffentlichen ist[10]. Die Bundesregierung nimmt hierzu im Rahmen des nach § 2 Abs. 1 StabG jährlich im Januar dem Bundesrat und Bundestag vorzulegenden Jahreswirtschaftsberichts Stellung, wobei sie insbesondere die wirtschaftspolitischen Schlußfolgerungen darzulegen hat, die sie aus dem Gutachten zieht[11].

2. Sondergutachten

Nach § 6 Abs. 2 SVRG hat der SVR weitere zusätzliche Gutachten zu erstatten, wenn auf einzelnen Gebieten Entwicklungen erkennbar werden, welche die in § 2 S. 2 genannten Ziele gefährden[12] oder die Bundesregierung den Sachverständigenrat hiermit ausdrücklich beauftragt[13], § 6 Abs. 2 S. 2. Der Rat bezeichnet sie als Sondergutachten. Sie werden der Bundesregierung zugeleitet und vom Rat veröffentlicht. Daß über den Zeitpunkt der Veröffentlichung das Einvernehmen mit dem Bundesminister für Wirtschaft herbeizuführen ist[14], ändert nichts an der Veröffentlichungs*pflicht*[15], da die Interessen der gesetzgebenden Körperschaften und der Öffentlichkeit, die ebenfalls die Beratungsadressaten sind, berücksichtigt werden müssen[16]. Auch der Wortlaut des § 6 Abs. 2 S. 3 läßt eine Dispositionsbefugnis des Rates über das „Ob" einer Veröffentlichung nicht zu[17]. *Giersch* ist dagegen der Ansicht, daß „bei einem Einvernehmen zwischen SVR und Bundesregierung die Veröffentlichung eines Sondergutachtens durchaus unterbleiben kann". Eine Einflußmöglichkeit der Regierung auf den Veröffentlichungszeitpunkt wurde aber als sinnvoll angesehen, um der Regierung Zeit zu Reaktionen zu geben, bevor „negative Ankündigungseffekte"[18] ein entsprechendes unerwünschtes Verhalten der Wirt-

---

[9] § 6 Abs. 1 S. 1 SVRG.

[10] § 6 Abs. 1 S. 2; s.o. Teil A. I. 4.

[11] § 6 Abs. 1 S. 3, 4.

[12] Dazu unten a).

[13] Siehe unten b).

[14] § 6 Abs. 2 S. 3 SVRG.

[15] *K. Stern*, in: K. Stern/P. Münch/ K.H. Hansmeyer, StabG, § 31 I; *A. Möller*, StabG, § 31 Rn. 6.

[16] So die Begründung des Wirtschaftsausschusses, zu BT-Dr. V/1678, S. 13.

[17] *H. Giersch*, Diskussionsbeitrag, in: H.K. Schneider (Hg.), Grundsatzprobleme wirtschaftspolitischer Beratung, S. 355.

schaftssubjekte bewirken könnten. Im Gegensatz zu den Jahresgutachten sind sie nicht unmittelbar den gesetzgebenden Körperschaften zuzuleiten; in der Praxis wurden sie regelmäßig unverzüglich als Bundestagsdrucksachen veröffentlicht[19] und dem jeweils folgenden Jahresgutachten im Anhang beigefügt[20]. Die Bundesregierung ist nicht verpflichtet, zu Sondergutachten Stellung zu nehmen[21].

Ein Schriftformerfordernis ergibt sich nicht unmittelbar aus dem Gesetz; tatsächlich wurde dem Bundeskanzler am 3.7.1968 ein Sondergutachten mündlich vorgetragen. Wegen der Veröffentlichungspflicht ist aber in jedem Falle eine schriftliche Fassung auszufertigen. Bei einem mündlichen Vortrag ist zu gewährleisten, daß eine Stellungnahme des gesamten Rates abgegeben wird und die Möglichkeit, abweichende Auffassungen in den Gutachten zum Ausdruck zu bringen, § 3 Abs. 2 SVRG, erhalten bleibt.

a) „Pflichtgutachten"

Nach § 6 Abs. 2 S. 1 SVRG[22] hat der SVR die Pflicht, ein zusätzliches Gutachten zu erstatten, wenn auf einzelnen Gebieten Entwicklungen erkennbar werden, welche die in § 2 S. 2 genannten Ziele gefährden[23]. Diese Aufgabenstellung impliziert gleichzeitig die Verpflichtung des Rates zur laufenden Beobachtung der konjunkturellen Entwicklung[24]; nach Ansicht von *Möller*[25] wird der Rat hiermit zum „Hüter des gesamtwirtschaftlichen Gleichgewichts".

Hierin dürfte ein Überbewertung der Rolle des Rates liegen, da die Pflicht des § 6 Abs. 2 S. 1 nach der Systematik des § 6 nur dann greift, wenn gravierende Fehlentwicklungen auftreten, die bei Abfassung des letzten Jahresgutachtens noch nicht absehbar waren und dort auch in Alternativprojektionen keine Berücksichtigung gefunden haben. Der Rat hat bisher 14 Sondergutachten vorgelegt, davon allein im Jahre 1969 deren vier.

---

[18] *K. Wegner*, S. 89.

[19] Die Bundesregierung hält dieses Verfahren auch ohne Rechtspflicht für sinnvoll; Antwort der Bundesregierung (BT-Dr. 8/2055) auf eine entsprechende Anfrage im deutschen Bundestag (BT-Dr. 8/2044).

[20] Eine Ausnahme von dieser Regel bildete lediglich das mündlich vorgetragene Sondergutachten vom 3.7.1968, das wegen interner Differenzen im Rat erst eineinhalb Jahre später mit dem JG 1969 (BT-Dr. VI/100, S. 119) veröffentlicht wurde; vgl. dazu unten Teil F. III. 2. ee) (1).

[21] *K. Stern*, in: K. Stern/P. Münch/ K.H. Hansmeyer, StabG, § 31 I 1.

[22] I.d.F.d. StabG v. 8.6.1967, BGBl. I, S. 582; zur Entstehungsgeschichte vgl. *A. Möller*, StabG, § 31 Rn. 1.

[23] *H. Giersch*, S. 54: „Interventionen mit Feuerwehrcharakter". Im Gegensatz hierzu stellte § 6 Abs. 1 S. 2 i.d.F.d. G. v. 14.8.1963 (BGBl. I, S. 685) es in das Ermessen des Rates, bei Vorliegen der Voraussetzungen ein Gutachten zu erstellen.

[24] *K. Wegner*, S. 89.

[25] StabG, § 31 Rn 3.

b) „Auftragsgutachten"

Unabhängig von den zu erstattenden Jahres- und „Pflicht"-Sondergutachten kann die Bundesregierung den Rat mit der Erstattung weiterer Gutachten beauftragen. Der Themenkreis muß sich nach der Aufgabenstellung des Rates im Rahmen des § 2 halten[26]. Die Bundesregierung hat von dieser Möglichkeit bisher erst einmal Gebrauch gemacht[27].

3. Sonstige Beratungsformen

Im SVRG sind als Beratungsformen nur die Gutachten nach § 6 vorgesehen. Bestimmte Kommunikationsformen zur Vorbereitung der Gutachten sind bereits im SVRG angelegt. So kann der Rat nach § 4 ihm geeignet erscheinenden Personen, insbesondere Vertretern des wirtschaftlichen und sozialen Lebens, Gelegenheit geben, zu wesentlichen sich aus seinem Auftrag ergebenden Fragen Stellung zu nehmen. Darüber hinaus kann er, soweit er es zur Durchführung seines Auftrages für erforderlich hält, die fachlich zuständigen Bundesminister und den Präsidenten der Deutschen Bundesbank hören; auf deren Verlangen muß er sie anhören[28]. Diese Anhörungen sollen lediglich zur Vorbereitung der Gutachtenerstellung dienen; ein vertraulicher wechselseitiger Meinungs*austausch*[29], insbesondere über etwaig vorzuschlagende wirtschaftspolitische Maßnahmen ist dagegen — jedenfalls gesetzlich — nicht vorgesehen. Tatsächlich wird der Rat auch in anderer Weise tätig, etwa durch Pressegespräche und -konferenzen, Briefe an Regierungsmitglieder[30], Gespräche mit dem Bundeskanzler[31], Teilnahme einzelner Ratsmitglieder an der konzertierten Aktion[32], „vertrauliche Memoranden" an die Bundesregierung[33].

---

[26] *A. Möller*, StabG, § 31 Rn. 5.

[27] *Chr. Müller*, Stichwort: Sachverständigenrat, S. 161. Anlaß hierzu war u.a. die innenpolitische Krise im Herbst 1982, die zum Auseinanderbrechen der sozialliberalen Koalition führte. Nach dem Bekanntwerden des sogenannten „Lambsdorff-Papiers" des damaligen Bundeswirtschaftsministers, in dem dieser erhebliche Kritik an der Wirtschaftspolitik der Bundesregierung, der er selbst angehörte, übte, gab die Schmidt-Regierung am 8. September 1982 beim SVR ein Sondergutachten in Auftrag, in dem die „wirtschaftliche Lage" im Herbst 1982 begutachtet werden sollte. Es wurde erst nach dem Regierungswechsel am 9.10.1982 (BT-Dr. 9/2027) vorgelegt.

[28] § 5 Abs. 1 und 2 SVRG.

[29] So *K. Wegner*, S. 90.

[30] Vgl. z.B. JG 70/71 (BT-Dr. IV/1470), JG 71/72 (BT-Dr. VI/2847), JG 73/74 (BT-Dr. 7/1273) jeweils im Anhang.

[31] Vgl. etwa die Mitteilung im Bulletin der Bundesregierung, Nr. 36 v. 15.4.1986, S. 283.

[32] S.o. Teil A. III. 2.

[33] *H. Giersch*, Diskussionsbeitrag, in H. K. Schneider (Hg.), Grundsatzprobleme wirtschaftspolitischer Beratung, S. 353.

Hier ist zu fragen, ob und inwieweit eine nicht ausdrücklich gesetzlich vorgesehene Tätigkeit zulässig ist. Sie wäre unzulässig, wenn die Ratstätigkeit ausnahmslos unter dem Vorbehalt des Gesetzes stünde. Eine Geltung des Vorbehaltsgrundsatzes für jede Ausprägung wissenschaftlicher Politikberatung ist dem Grundgesetz nicht zu entnehmen, da beratende Tätigkeiten nicht unmittelbar in Grundrechte eingreifen. Auch handelt es sich bei der Regelung einzelner Beratungsformen nicht um so wesentliche organisationsrechtliche Entscheidungen, daß sie unter Geltung des institutionellen Gesetzesvorbehalts nur vom Gesetzgeber getroffen werden könnten[34].

Eine Beschränkung des Tätigkeitsfeldes des Rates könnte sich aber aus dem SVRG selbst ergeben.

Nach § 3 Abs. 1 SVRG ist der Rat nur an den durch das SVRG begründeten Auftrag gebunden. Hierdurch werden zwar weitere Verpflichtungen des Rates und insbesondere Weisungsrechte anderer Stellen ausgeschlossen; die freiwillige Wahrnehmung anderer als in § 6 SVRG vorgesehener Funktionen wird durch diese Vorschrift aber nicht berührt. Das weitgefaßte generelle Beratungsziel des § 1 Abs. 1: „zur Erleichterung der Urteilsbildung bei allen wirtschaftspolitisch verantwortlichen Instanzen sowie in der Öffentlichkeit" weist vielmehr auf eine offene flexible Auswahl der Beratungsformen hin.

Ein Grundsatz der Beratung läßt sich aber bereits aus dem programmatisch formulierten § 1 Abs. 1 und der generellen Veröffentlichungspflicht für die Gutachten nach § 6 herleiten: Die Beratung muß ausnahmslos öffentlich erfolgen[35].

„Vertrauliche Memoranden"[36], die nur einem Beratungsadressaten zugänglich gemacht und nicht spätestens mit dem nächsten Jahresgutachten veröffentlicht werden[37], verstoßen gegen den Öffentlichkeitsgrundsatz und sind deshalb nicht zulässig.

Eine weitere Leitlinie insbesondere für die mündlichen Äußerungen ist den §§ 8 Abs. 1 und 3 Abs. 2 zu entnehmen. Der Rat ist ein Kollegialgremium, das seine Beschlüsse mit einer Mehrheit von mindestens drei Mitgliedern faßt, der Minderheit aber Gelegenheit geben muß, abweichende Auffassungen in den

---

[34] Zur „Wesentlichkeitstheorie" des Bundesverfassungsgerichts vgl. *K. Hesse*, Verfassungsrecht, Rn. 508f.; *K. Stern*, Staatsrecht Bd. I, S. 811 mwN.

[35] *W. Bauer*, Die Aussprache 1969, S. 296; zur Transparenz als Teil des Beratungskonzepts vgl. *H.H. v. Arnim*, Gemeinwohl und Gruppeninteressen, S. 338.

[36] Vgl. *H.Giersch*, Diskussionsbeitrag, in: H.K. Schneider (Hg.), Grundsatzprobleme wirtschaftspolitischer Beratung, S. 353; dagegen postuliert das ehemalige Ratsmitglied *H. Giersch* heute in einem Essay (Wirtschaftswoche Nr. 13 v. 21.3.1986, S. 76): „In Sachen Wirtschaftspolitik hat die offene Gesellschaft ein Anrecht auf offenen Rat. Geheimer Rat paßt zu hierarchisch oder zentralgeleiteten Gebilden (Ökonomien), nicht zu ... Marktgesellschaften"...,.

[37] Die ausnahmsweise Zulässigkeit von Verzögerungen bei der Veröffentlichung leitet sich aus § 6 Abs. 2 S. 3 ab, s.o. Teil B. I. 2.

Gutachten zum Ausdruck zu bringen[38]. Dieses Recht zu Minderheitsvoten ist zwar ausdrücklich nur für die Abfassung der Gutachten vorgeschrieben. Da dies aber die einzige gesetzlich geregelte Beratungsform ist und der Beratungsauftrag dem Rat als Kollegium erteilt ist, muß der Minderheitenschutz für alle anderen zulässigen Beratungsformen gewährleistet werden. In mündlichen Stellungnahmen einzelner Ratsmitglieder, insbesondere wenn sie als Vertreter des SVR in anderen Gremien tätig werden, müssen Minderheitspositionen (sofern keine neuen Ratsbeschlüsse gefaßt werden, auf der Basis des letzten Jahresgutachtens) mit bekanntgegeben werden.

Letztlich ist aus der zentralen Stellung, die die Gutachten nach der Konzeption des SVRG einnehmen, zu folgern, daß der Schwerpunkt der Beratung bei den zu veröffentlichenden Gutachten liegen soll[39].

Würden zentrale Aussagen *außerhalb* der Jahresgutachten getroffen, könnte die Pflicht der Bundesregierung, ihre daraus zu ziehenden wirtschaftspolitischen Schlußfolgerungen darzulegen und die Pflicht, die Gutachten den gesetzgebenden Körperschaften vorzulegen, umgangen werden.

Zusammenfassend ist festzuhalten, daß das SVRG zwar davon ausgeht, daß Beratung durch den SVR regelmäßig durch Gutachten erfolgt, da nur diese im SVRG geregelt sind. Angesichts des weiten Beratungszieles des § 1 Abs. 1 ist diese Regelung als Schwerpunktbildung, nicht aber als Ausschlußtatbestand für andere Formen anzusehen. Insbesondere zur Erläuterung und Vertiefung von in den Gutachten getroffenen Aussagen sind Gespräche des Rates mit Regierung, Parlament, gesellschaftlich relevanten Gruppen, Presse usw. zulässig. Hierbei ist zu beachten, daß Minderheitenpositionen hinreichend berücksichtigt werden und der Grundsatz der Öffentlichkeit der Beratung eingehalten wird. Wesentliche Aussagen des Rates müssen in den Jahresgutachten oder bei Vorliegen der Voraussetzungen des § 6 Abs. 2 S. 1 in einem Sondergutachten ihren Ausdruck finden.

III. Inhalt der Gutachten

1. Gesetzliche Zielvorgabe

Das nach § 6 Abs. 1 SVRG vom SVR jährlich zu erstattende Gutachten wird inhaltlich durch § 2 SVRG näher bestimmt. Darin soll zunächst eine *Bestandsaufnahme* der jeweiligen gesamtwirtschaftlichen Lage vorgenommen werden. Darüber hinaus ist eine *Prognose* der gesamtwirtschaftlichen Entwicklung gefordert[40], für die in § 2 S. 2 normative Zielvorgaben formuliert wurden. Bei

[38] § 3 Abs. 2; s. dazu u. Teil F. III. 2f.

[39] Vgl. *H. Tietmeyer*, Der Volkswirt 1963, S. 2282.

[40] Wobei der Begriff der Entwicklung deskriptiv und nicht im Sinne einer geplanten Entwicklung zu verstehen ist, *P. Badura*, Wachstumsvorsorge und Wirtschaftsfreiheit, S. 371.

den Begriffen Stabilität des Preisniveaus, hoher Beschäftigungsstand und außenwirtschaftliches Gleichgewicht bei stetigem und angemessenem Wirtschaftswachstum handelt es sich um in den Wirtschaftswissenschaften entwickelte Teilkomponenten eines „gesamtwirtschaftlichen Gleichgewichts“[41], die erstmals im SVRG normiert wurden und die damals „herrschende“ Meinung in den Wirtschaftswissenschaften widerspiegelten[42]. Eine identische Zielvorgabe für die Wirtschafts- und Finanzpolitik von Bund und Ländern ist verbindlich in § 1 StabG festgelegt. Dagegen wurde auf eine Inhaltsbestimmung des „gesamtwirtschaftlichen Gleichgewichts“ in dem 1967 novellierten Art. 109 Abs. 2 GG bewußt verzichtet, um den verfassungsrechtlichen Begriff für eine veränderte oder ergänzte Interpretation offenzuhalten[43].

Auf eine exakte juristische[44] Definition der in § 2 S. 2 SVRG genannten Teilziele, sofern sie überhaupt möglich ist[45], kann hier verzichtet werden[46], denn die Formulierung von Gutachtenaufträgen an Wirtschaftswissenschaftler ist von wirtschaftspolitischer Begrifflichkeit geprägt[47], für deren Auslegung den Gutachtern nicht nur ein Beurteilungsspielraum verbleibt[48], sondern die auch offen ist für ein verändertes wirtschaftswissenschaftliches Begriffsverständnis[49].

Nicht als normiertes Teilziel eines gesamtwirtschaftlichen Gleichgewichts, sondern „lediglich zur Lagebeurteilung“[50] soll der SVR in seine Gutachten nach § 2 S. 3 SVRG auch die Bildung und die Verteilung von Einkommen und Vermögen mit einbeziehen[51]. Dementsprechend liegt den Gutachten als Meß-

---

[41] Allgemein zum Gleichgewichtsbegriff vgl. *K. Jäger*, Stichwort: Gleichgewicht, Ökonomisches, in: HdWW Bd. 3, S. 671ff. mwN.

[42] *K. Vogel*, Finanzverfassung und politisches Ermessen, S. 31; *K. Vogel/M. Wiebel*, in: BK, Art. 109 Rn. 107.

[43] *K. Vogel/M. Wiebel*, BK, Art. 109 Rn. 80; *P. J. Tettinger*, Rechtsanwendung, S. 188; *Th. Maunz*, in: Maunz/Dürig, GG, Art. 109 Rn. 25.

[44] Zum Problem der Quantifizierbarkeit der Zieldefinitionen vgl. *H. J. Schmahl*, S. 21ff.

[45] Ablehnend *R. Grawert*, Der Staat Bd. 7, S. 80; *K. Biedenkopf*, BB 1968, S. 1006f.; *R. Schmidt*, Wirtschaftspolitik und Verfassung, 1971, S. 153.

[46] Insoweit ist auf die Kommentierungen zu Art. 109 Abs. 2 GG und § 1 StabG zu verweisen; etwa *K. H. Hansmeyer*, in: K. Stern / P. Münch / K. H. Hansmeyer, StabG, § 1 Anm. II und III; *A. Möller*, StabG, § 1 Rn. 4 ff; *P. J. Tettinger*, Rechtsanwendung, S. 190ff.; zu den Grenzen der Juridifizierbarkeit wirtschaftspolitischer Ziele *H. H. Hollmann*, S. 99ff., 340ff.; allgemein zur Verwendung volkswirtschaftlicher Begriffe in Rechtsnormen *R. Zuck*, Wirtschaftsverfassung, S. 105ff.

[47] Im Schiedsgerichtsurteil werden sie als unbestimmte Rechtsbegriffe mit Beurteilungsspielraum qualifiziert (DÖV 1973, S. 855).

[48] Wie etwa bei den Rechtsbegriffen des § 1 StabG, *P. J. Tettinger*, Ingerenzprobleme, S. 157ff., 160; *Th. Maunz*, in: Maunz/Dürig, GG, Art. 109 Rn. 38; zur Interpretation der Begriffe durch den SVR s. JG 1967/68, (BT-Dr. V/2310), Tz. 247ff.

[49] *F. Holzheu* (ZgesStW Bd. 127 (1971), S. 609) spricht in diesem Zusammenhang von Ermessensspielraum, was aber wohl untechnisch gemeint ist.

[50] *K. Wegner*, S. 78.

konzept die Idee einer kostenniveauneutralen Lohnpolitik zugrunde[52]; Reallohnveränderungen werden im wesentlichen auf ihre konjunkturellen Auswirkungen[53], nicht aber unter dem Gesichtspunkt der Verteilungsgerechtigkeit untersucht, obwohl dies ein aus dem Sozialstaatsgebot folgendes und damit durch das Grundgesetz vorgegebenes (Teil-)Ziel staatlicher Wirtschaftspolitik ist[54]. Ebenfalls keine Zielvorgabe, sondern Mitteilung einer Rahmenbedingung ist die Formulierung des § 2 S. 2, die Teilziele des gesamtwirtschaftlichen Gleichgewichts sollten „im Rahmen der marktwirtschaftlichen Ordnung" erreicht werden[55].

Da hierdurch lediglich ein Beratungsauftrag normiert wird, der nur dann Sinn macht, wenn er auf dem Grundkonsens der staatlichen Wirtschaftspolitik aufbaut[56], liegt hierin nicht, wie in § 1 StabG, eine Festschreibung einer bestimmten Wirtschaftsform[57], sondern lediglich der Ausdruck der bestehenden Wirtschaftsordnung[58] und des weitgehenden politischen Konsenses hinsichtlich dieser Rahmenbedingung.

2. Rangfolge der Ziele

Von einem gesamtwirtschaftlichen Gleichgewicht kann erst dann gesprochen werden, wenn die genannten Teilziele *gleichzeitig* erreicht werden[59].

Da sie aber idR nicht gleichzeitig eintreten, weil sie in einem erheblichen Spannungsverhältnis zueinander stehen[60], stellt sich die Frage der Rangfolge der Teilziele zueinander. Der SVR folgert aus der *Gleichzeitigkeit* die *Gleichran-*

---

[51] Daß hierin kein eigenständiges Ziel zu sehen ist, läßt sich auch aus § 2 S. 4 folgern, wonach die Ursachen für Spannungen zwischen der gesamtwirtschaftlichen Nachfrage (d.h. der Einkommensentwicklung, so der erste Entwurf, BT-Dr. IV/540; dazu Abg. *Kurlbaum*, sten. Ber. der 44. Plenarsitzung des dt. Bundestages v. 26.10.1962, S. 1925) und dem gesamtwirtschaftlichen Angebot nur dann und insoweit aufgezeigt werden sollen, als sie die in S. 2 genannten Ziele gefährden; S. 3 wird nicht als Ziel erwähnt.

[52] JG 1964/65 (BT-Dr. IV/2890), Tz. 248; dazu *Kurt Schmidt*, S. 8; kritisch *B. Molitor*, S. 157ff.

[53] Z. B. JG 1972 (BT-Dr. 7/2), Tz. 437.

[54] Vgl. *P. J. Tettinger*, Rechtsanwendung ..., S. 194f.; s. dazu u. Teil B. III. 3. b) aa).

[55] Zum Begriff *A. Möller*, StabG, § 1 Rn. 7; *K.P. Hensel*, Grundformen der Wirtschaftsordnung, S. 27ff.; *E. Hoppmann*, Konzertierte Aktion und der „Rahmen der marktwirtschaftlichen Ordnung", in: ders. (Hg.), Konzertierte Aktion, S. 265ff.

[56] *E. Benda*, NJW 1967, S. 849.

[57] Insofern ist in § 2 S. 2 SVRG auch kein unmittelbarer Eintritt in den „Streit um die Wirtschaftsverfassung" zu sehen, vgl. *P.J. Tettinger*, BB 1977, S. 1617f.; *H.H. Hollmann*, S. 71.

[58] *D. Müller-Römer*, DÖV 1969, S. 703.

[59] So auch der Wortlaut des § 2 S. 2 SVRG.

[60] Vgl. *K. H. Hansmeyer*, in: K. Stern/P. Münch/K.H. Hansmeyer, StabG, § 1 IV 2, S. 135ff.; *J. Brockhausen*, S. 28ff.; *H.H. Hollmann*, S. 66.

gigkeit der Ziele[61]. Dementsprechend widmet er in den Gutachten den Zielen die größte Aufmerksamkeit, die am wenigsten verwirklicht sind[62]. Dagegen wird in der Literatur eingewendet, daß das Wachstumsziel, da es kein Selbstzweck sei, als nachrangig anzusehen sei[63]. Auch aus dem Wortlaut des § 2 S. 2, daß drei Ziele *bei* stetigem und angemessenem Wachstum gewährleistet werden sollten, wird die Nachrangigkeit gefolgert[64]. Die Relativität des Wachstumsziels bringt der Gesetzeswortlaut durch die Leerformel[65] der *Angemessenheit* zum Ausdruck, die nach der Systematik des Gesetzes am ehesten durch die drei anderen Ziele angefüllt werden kann, in dem man als angemessen die Wachstumsrate ansieht, die z.B. einen möglichst hohen Beschäftigungsstand sichert ohne bereits die Preisstabilität zu gefährden[66]. Darüber hinaus wird auch die Aussagekraft des Wachstumsbegriffs dadurch relativiert, daß er weitgehend quantitativ, gemessen am Bruttosozialprodukt, verstanden wird[67], ohne daß der Sinn und Nutzen wirtschaftlicher Leistung hinterfragt wird[68]. Dies führt zu dem sicher nicht wünschenswerten Ergebnis, daß etwa Umweltschäden, die erhebliche Aufwendungen im Bereich der Gesundheitsfürsorge nach sich ziehen, zu einer Steigerung des Bruttosozialprodukts beitragen und damit Wachstum produzieren[69]. Der SVR selbst unterscheidet die „drei Grundziele“[70] (Stabilität des Preisniveaus, hoher Beschäftigungsstand und außenwirtschaftliches Gleichgewicht) terminologisch vom Wachstumsziel[71]. Nach anderer Ansicht soll das Ziel des hohen Beschäftigungsstandes gegenüber den anderen Zielen eine gewisse Priorität genießen[72]. Diese Ansicht läßt sich auch auf den Verfassungsrang stützen, den die staatliche Arbeitsmarktpolitik aufgrund des Sozialstaatsprinzips genießt.

---

[61] So in JG 1964/65, (BT-Dr. IV/2890), Tz. 3.

[62] JG 1964/65, a.a.O.; dem folgend *J. Brockhausen*, S. 23; *K. Vogel/M. Wiebel*, BK, Art. 109 Rn. 114.

[63] Etwa *H.P. Bull*, Staatsaufgaben, S. 260; *Th. Maunz*, in: Maunz/Dürig, GG, Art. 109 Rn. 27.

[64] So *D. Müller-Römer*, DÖV 1969, S. 703, 704.

[65] So *K.H. Hansmeyer*, in: K. Stern/ P. Münch/ K.H.Hansmeyer, StabG, § 1 III. 4. c.

[66] Bzw. insgesamt einer Zielharmonie am nächsten kommt.

[67] Dies wird auch vom SVR als Problem angesehen, ohne daß allerdings der Wachstumsbegriff anders definiert wird, vgl. JG 67/68 (BT-Dr. V/2310), Tz. 288; dazu *F. Holzheu*, ZgesStW Bd. 127 (1971), S. 609ff.

[68] So auch die Kritik im Antrag der SPD-Fraktion zur Novellierung des StabG vom 14. 7. 1986 (BT-Dr. 10/5841), S. 1.

[69] Vgl. auch *P. Häberle*, VVDStRL Bd. 30, S. 43, 62.

[70] *A. Möller*, StabG, § 1 Anm. 8 geht von einer Gleichrangigkeit lediglich dieser drei Ziele aus, ohne zum Rang des Wachstumsziels Stellung zu nehmen.

[71] JG 1964/65 (BT-Dr. IV/2890), Tz. 8 spricht von den „drei Grundzielen und dem Wachstumsziel“.

[72] *K.H. Hansmeyer*, in: K. Stern/P. Münch/K.H. Hansmeyer, StabG, § 1 IV. 1. (S. 135).

Ob man nun die Umschreibung des gesamtwirtschaftlichen Gleichgewichts in § 2 SVRG als „magisches“ Dreieck[73], Viereck[74] oder Vieleck[75] ansieht, kann für die Auslegung des gesetzlichen Auftrages dahingestellt bleiben, solange der Rat nicht eines der normierten Ziele grundsätzlich außer acht läßt. Denn die in ihrer Wertigkeit nicht unumstrittenen Teilziele „hoher Beschäftigungsstand“ und „stetiges und angemessenes Wirtschaftswachstum“ dürften noch am leichtesten miteinander vereinbar sein. Im übrigen werden erhebliche Verfehlungen eines Teilzieles zumindest längerfristig auch andere Teilziele gefährden, so daß eine kurzfristige Prioritätensetzung, wie sie der SVR vornimmt[76], durchaus im Sinne des Gesetzes sein kann, wenn sie notwendiges Durchgangsstadium zur Erreichung des gesamtwirtschaftlichen Gleichgewichts ist[77]. Letzteres ist nach Art. 109 Abs. 2 GG ein mit Verfassungsrang ausgestattetes Ziel der Wirtschaftspolitik[78]. Es bleibt dem wissenschaftlichen Urteil der Gutachter überlassen, selbst Prioritäten im Sinne einer „gefährdungsbestimmten Rangfolge“[79] zu setzen, solange die verfassungsrechtlichen Vorgaben, insbesondere Art. 109 Abs. 2 GG und das Sozialstaatsprinzip, beachtet werden.

3. Defizite der gesetzlichen Zielbestimmung

Gegenstand der gutachtlichen Darstellung und Prognose ist die gesamtwirtschaftliche Lage. Hier stellt sich die Frage, ob dieser Begutachtungsauftrag durch die in § 2 S. 2 SVRG genannten Teilziele abschließend definiert ist, oder ob daneben weitere wirtschaftspolitische Teilziele zu nennen sind, denen sich der SVR widmen *muß*. Die deutliche verbale Verknüpfung von S. 2 mit S. 1 legt nahe, daß der Gesetzgeber hier keine beispielhafte Aufzählung vorgenommen hat, sondern den damaligen Stand der Erkenntnis festschreiben wollte[80].

Eine Außerachtlassung der in S. 2 genannten Teilziele dürfte deshalb unzulässig sein. Andererseits erweist die Gesetzessystematik durch die Formulierung weiterer Bestandteile der Gutachten in den Sätzen 3-6 des § 2 SVRG, daß die Aufzählung der vier Teilziele in S. 2 nicht als abschließend verstanden werden muß. Es sind eine Reihe weiterer Teilziele denkbar, die im Rahmen der

---

[73] Z.B. *R. Zuck*, NJW 1967, S. 1301, 1302; *H.J. Schmahl*, S. 18.

[74] So die überwiegende Meinung, K. Stern/P. Münch/K.H. Hansmeyer, StabG, § 1; nach *K. Oppenländer* ist die vierte Ecke allerdings nicht das Wirtschaftswachstum, sondern das „Postulat einer sozial gerechten Verteilung des Sozialprodukts“, Ifo-Studien 5, S. 167, 171.

[75] Vgl. *E. Ott*, Magische Vielecke, S. 93 ff.; *G. Bombach*, S. 215, nennt ein Fünfeck; ebenso *R. Schmidt*, Wirtschaftsverfassung, S. 113.

[76] JG 1964/65 (BT-Dr. IV/2890), Tz. 3.

[77] *I. v. Münch*, Staatsrecht I, Rn. 526.

[78] *K.H. Schachtschneider*, S. 514.

[79] *H.J.Schmahl*, S. 27.

[80] So auch *P.J. Tettinger*, Rechtsanwendung, S. 188 zu § 1 StabG.

Begutachtung der gesamtwirtschaftlichen Lage untersucht werden können[81]. Inwieweit dies sinnvoll ist, bleibt der wissenschaftlichen Bewertung der Gutachter überlassen[82] und soll hier nicht weiter erörtert werden. Es bleibt aber die Frage, ob nicht höherrangiges Recht eine Berücksichtigung weiterer Teilziele gebietet und die generelle Aufgabenstellung des § 2 S. 1 SVRG im Wege der verfassungsorientierten Auslegung[83] entsprechend weit zu interpretieren ist. Hierzu sind die Direktiven zu untersuchen, die das Grundgesetz für die staatliche Wirtschaftspolitik enthält. Diese sind bei der Auslegung des Auftrages des SVR zu beachten, da der Rat auch in erster Linie Berater der wirtschaftspolitisch verantwortlichen *staatlichen* Instanzen ist[84].

a) Art. 109 Abs. 2 GG

Der 1967 in das GG eingefügte Art. 109 Abs. 2 GG[85] verpflichtet den Staat zu einer aktiven Wirtschaftspolitik[86] und führt das „gesamtwirtschaftliche Gleichgewicht" als Verfassungsbegriff ein. Neue Aspekte ergeben sich hieraus aber für die Auslegung des § 2 SVRG nicht, da die in § 2 S. 2 SVRG und § 1 S. 2 StabG definierten Teilziele auch dem verfassungsrechtlichen Gleichgewichtsbegriff zugrundeliegen[87]. Eine auch vom SVR zu beachtende Vorgabe enthält Art. 109 Abs. 2 GG aber insofern, als er den Staat zu einer aktiven Konjunkturpolitik verpflichtet[88] und damit monetaristische Konzepte, sofern sie eine Enthaltung von staatlicher Konjunkturpolitik vorsehen[89], nicht vereinbar sind[90].

Darüber hinaus verorten *K. Vogel/M. Wiebel*[91] in dem verfassungsrechtlichen Begriff des gesamtwirtschaftlichen Gleichgewichts[92] den „Zustand des Aus-

[81] Vgl. dazu etwa *P.J. Tettinger*, Rechtsanwendung, S. 194ff.; *H. J. Mertens/Ch. Kirchner/E. Schanze*, S. 48ff.

[82] Der Rat sieht die in § 2 S. 2 SVRG aufgeführten Ziele als exklusiv an, JG 1964/65 (BT-Dr. IV/2890), Tz. 241; s. dazu auch die Presseerklärung in JG 1965/66 (BT-Dr. V/123), Anhang, S. 166.

[83] Zum Begriff *P.J. Tettinger*, Juristische Arbeitstechnik, S. 131; *K. Schlaich*, S. 187f.

[84] Vgl. § 1 Abs. 1 SVRG.

[85] 15. Gesetz z. Änderung des GG v. 8.6.1967, BGBl. I, S. 581.

[86] Die Bedeutung des Art. 109 Abs. 2 GG reicht über die bloße Haushaltswirtschaft hinaus und wirkt auf die gesamte staatliche Wirtschaftspolitik ein, vgl. *R. Zuck*, Wirtschaftsverfassung und Stabilitätsgesetz, S. 85ff. mit ausführlicher Darstellung des Meinungsstandes, S. 97; *J. Hanreich*, S. 27ff.

[87] *K. Stern*, Staatsrecht II, S. 1079; das StabG wurde zeitgleich mit dem Art. 109 Abs. 2 GG erlassen, so daß der Begriffsinhalt in beiden Gesetzen identisch ist, obwohl im GG bewußt auf eine Definition verzichtet wurde, um einen Auffassungswandel nicht zum Gegenstand einer abermaligen Verfassungsänderung machen zu müssen; *R. Schmidt*, Wirtschaftspolitik und Verfassung, S. 152ff., 154.

[88] *P. Badura*, Wirtschaftsverfassung und Wirtschaftsverwaltung, S. 57.

[89] Dies bezweifelt *H. Faber*, AK-GG, Art. 109 Rn. 6.

[90] *Th. Maunz*, in: Maunz/Dürig, GG, Art. 109 Rn. 24.

[91] BK, Art. 109 Rn. 93ff.

[92] Der im Gegensatz zum ökonomischen Begriff des § 1 StabG stehen soll, a.a.O. Rn. 95.

gleichs zwischen den widerstreitenden Interessen der am Wirtschaftsprozeß Beteiligten". Verteilungspolitische Gesichtspunkte sind normativ aber eher aus dem Sozialstaatsgebot des Grundgesetzes abzuleiten[93] und sollen dort untersucht werden. Dies ist für die Auslegung des SVRG auch deshalb von Bedeutung, weil Art. 109 Abs. 2 GG bei Erlaß des SVRG noch nicht galt und damit im Gegensatz zum Sozialstaatsgebot nicht als Leitlinie für die Ermittlung des Willens jedenfalls des historischen Gesetzgebers herangezogen werden kann.

b) Das Sozialstaatsprinzip, Art. 20, 28 GG

Dem aus Art. 20 Abs. 1 S. 1 GG abzuleitenden sozialstaatlichen Prinzip[94] lassen sich auch Direktiven für die staatliche Wirtschaftspolitik entnehmen[95]. So ist das in Art. 109 Abs. 2 GG normierte Ziel des gesamtwirtschaftlichen Gleichgewichts kein Selbstzweck, sondern dient dem wirtschaftlichen Wohlergehen aller[96] und kann insoweit als spezielle Ausprägung des Sozialstaatsprinzips angesehen werden. Das Erfordernis sozialer Gerechtigkeit[97] ist bei der Verfolgung der Teilziele gleichrangig zu berücksichtigen[98].

aa) Verteilungsgerechtigkeit

Die in Art. 20 Abs. 1 GG verwandte Formel des sozialen Rechtsstaates stellt dem Staat die Aufgabe, Rahmenbedingungen für die Herstellung sozialer Gerechtigkeit zu schaffen[99]. Bezogen auf die Wirtschaftspolitik bedeutet dies die Förderung einer gerechten Verteilung des erarbeiteten Volkseinkommens[100]. Teilweise wird das Postulat einer sozial gerechten Verteilung des Sozialprodukts bereits als Teilziel des gesamtwirtschaftlichen Gleichgewichts angesehen[101]. Da dies in die gesetzliche Zieldefinition des § 2 S. 2 SVRG nicht eingeschlossen ist und nach § 2 S. 3 SVRG dem Rat lediglich eine Bestandsaufnahme der Bildung und Verteilung von Einkommen und Vermögen aufgetragen ist, fragt sich, ob dies den Postulaten des Sozialstaatsprinzips genügt. Hier ist aber zu erinnern, daß wissenschaftliche Beratung zwar Entscheidungsgrundlagen für die Politik liefern kann, es aber nicht ihre Aufgabe ist, politische Wertungen, wie sie bei der

---

93 Dies räumen auch *K. Vogel/M. Wiebel* in Rn. 96, a.a.O., ein.

94 Dazu ausführlich *K. Stern*, Staatsrecht I, § 21.

95 Vgl. etwa *P.J. Tettinger*, Rechtsanwendung, S. 187; *H. P. Bull*, Staatsaufgaben, S. 255; *P. Badura*, Wirtschaftsverfassung und Wirtschaftsverwaltung, S. 32ff.

96 AK-GG *M. Kittner*, Art. 20 Abs. 1 - 3, IV, Rn. 71.

97 Vgl. BVerfGE 40, S. 121, 133f.; *Th. Maunz/R. Zippelius*, Staatsrecht, § 13 I 2.

98 *Th. Maunz*, in: Maunz/Dürig, GG, Art. 109 Rn. 28.

99 *K. Stern*, Staatsrecht I, S. 890, 911 jeweils mwN.

100 *P. J. Tettinger*, Rechtsanwendung, S. 187, 194.

101 *K. Oppenländer*, S. 171; *R. Schmidt*, S. 113; neuerdings wird von der SPD-Fraktion im deutschen Bundestag gefordert, das Verteilungsziel in den Zielkatalog des § 1 StabG aufzunehmen, BT-Dr. 10/5841.

Durchsetzung sozialer Gerechtigkeit zu treffen sind, durch Zielformulierungen vorzunehmen. Auch der Grundsatz der Tarifautonomie[102] spricht für eine Zurückhaltung des Rates in diesem Punkt[103]. Insofern genügt die Berücksichtigung von Verteilungsfragen in der Form, wie sie in § 2 S. 3 SVRG festgeschrieben ist, den Anforderungen des Sozialstaatsprinzips an die wissenschaftliche Politikberatung[104].

bb) Berücksichtigung schwer quantifizierbarer Belastungen

Als Pendant zum Gebot der gerechten Verteilung des Volkseinkommens folgt aus dem Grundsatz der sozialen Gerechtigkeit auch das Gebot zur gerechten Verteilung der durch wirtschaftliche Tätigkeit entstehenden Belastungen[105]. Besonderer Aufmerksamkeit bedürfen hierbei solche Lasten, die nur schwer quantifizierbar sind, wie etwa Umweltschäden und Gesundheitsschäden, weil sie bei wirtschaftswissenschaftlichen Berechnungen häufig gänzlich oder doch großenteils unberücksichtigt bleiben und deshalb nicht ihrem Stellenwert entsprechend in wirtschaftspolitische Entscheidungen einfließen[106]. Deutlich wird diese Problematik auch am herrschenden Verständnis des Wachstumsbegriffs, das sich idR rein quantitativ am Bruttosozialprodukt orientiert[107], ohne gesellschaftliche Kosten der Umweltbelastung und des Verbrauchs nicht erneuerbarer natürlicher Ressourcen zu berücksichtigen[108]. Hier soll nicht erörtert werden, inwieweit sich aus dem Grundgesetz staatliche Pflichten zum Umweltschutz, d.h. zur Vermeidung von Umweltschäden ergeben[109], da die

---

[102] Unter diesem Aspekt wird der Verzicht der Normierung des Verteilungszieles in § 1 StabG gesehen, *A. Möller*, § 1 Rn. 4 (S. 89), *K. H. Hansmeyer*, in: K. Stern/P. Münch/K.H. Hansmeyer, StabG, § 1 IV 3. (S. 140).

[103] So zeigt der SVR in seinen Gutachten Wege zur Umverteilung, etwa durch Beteiligung der Arbeitnehmer am Produktivkapital (JG 1972/73, BT-Dr. 7/2, Tz. 437ff.), die andere Teilziele nicht gefährden, auf, ohne den Umfang zu konkretisieren. Dazu kritisch *B. Molitor*, S. 164ff.

[104] Die These *H. D. Fangmanns*, der gesetzliche Auftrag des SVR sei nichtig, da § 2 SVRG die verfassungsrechtlichen Garantien der gerechten Sozialordnung nicht einbeziehe (*H.D. Fangmann*, S. 187), ist daher nicht nachzuvollziehen.

[105] Vgl. BVerfGE 5, S. 85, 198 (KPD-Urteil); *Th. Maunz/R. Zippelius*, Staatsrecht, § 13 I 2.

[106] Vgl. dazu eingehend *J. Jarre*, Die verteilungspolitische Bedeutung von Umweltschäden, 1976; *K. Zimmermann*, Umweltpolitik und Verteilung, 1985, passim.

[107] Vgl. etwa *A. Möller*, StabG, § 1 Rn. 12; *K.H. Hansmeyer*, in: K. Stern/P. Münch/K.H. Hansmeyer, StabG, § 1 III 4 c; *P.J. Tettinger*, Ingerenzprobleme, S. 142; JG 1967/68 (BT-Dr. V/2310), Tz. 288.

[108] Vgl. Antrag der SPD-Fraktion im deutschen Bundestag zur Novellierung des StabG, BT-Dr. 10/5841, S. 1, in dem qualitative Kriterien für den Wachstumsbegriff gefordert wurden.

[109] Vgl. hierzu den Bericht der Sachverständigenkommission Staatszielbestimmungen/Gesetzgebungsaufträge (Hg.: BMI, BMJ), Rn. 130ff., die eine Verankerung des Umweltschutzes im GG durch eine Staatszielbestimmung vorschlägt, aber auch aufzeigt,

Lösung von Problemen des Umweltschutzes nicht Gegenstand des Beratungsauftrages des SVR ist[110]. Eine generelle Einbeziehung von Fragen des Umweltschutzes in den Beratungsauftrag würde nicht nur eine Gesetzesänderung[111], sondern auch personelle und strukturelle Konsequenzen für den SVR erfordern.

Allerdings ist die natürliche Umwelt Teil des volkswirtschaftlichen Vermögens[112], so daß ihr Verbrauch bzw. ihre Schädigung sich in der volkswirtschaftlichen Gesamtrechnung niederschlagen müßten.

Verteilungsprobleme stellen sich dann, wenn Schäden nicht beim „Nutzer", sondern bei Dritten auftauchen[113]. Deutlich wird dies bei den mittlerweile recht gut erforschten Auswirkungen der Luftverschmutzung[114]. Dem „Nutzen" der emittierenden Kraftwerke, Industriebetriebe, KFZ usw. stehen hierdurch entstehende Schäden etwa bei Hauseigentümern[115] und Waldbesitzern gegenüber, die die zur Vermeidung dieser Schäden erforderlichen Aufwendungen der Emittenten für entsprechende Schutzmaßnahmen erheblich übersteigen dürften.

Hier für einen gerechten Ausgleich zu sorgen, ist nicht nur eine aus dem Sozialstaatsprinzip resultierende staatliche Aufgabe[116], sondern auch ein vom SVR zu berücksichtigender Aspekt in seiner Beratung[117]. Insbesondere bei der Einschätzung des Wachstumszieles[118] ist zu berücksichtigen, inwieweit dessen

daß bereits aus dem objektiv-rechtlichen Gehalt der Grundrechte, insbesondere aus Art. 2 Abs. 2 GG, staatliche Schutzpflichten resultieren (vgl. BVerfGE 56, 54, 73); *Rat von Sachverständigen für Umweltfragen*, Umweltgutachten 1978, Tz. 1944, 1946f.; umfassend hierzu auch die Berichte von *D. Rauschning* und *W. Hoppe* zum Thema „Staatsaufgabe Umweltschutz", VVDStRL Bd. 38 (1980), S. 167ff. und 211ff.

[110] Dafür ist der Rat von Sachverständigen für Umweltfragen zuständig, s.o. Teil A. IV. 2.

[111] In BT-Dr. 10/5841 wird eine Ergänzung des Zielkatalogs in § 1 StabG in der Form gefordert, „daß die zu treffenden wirtschafts- und finanzpolitischen Maßnahmen den Schutz der natürlichen Lebensgrundlagen der Menschen beachten".

[112] JG 1984/85 (BT-Dr. 10/2541), Tz. 402.

[113] Was idR der Fall ist, vgl. *C. Leipert*, S. 127; vgl. dazu auch *G. Rinck/E. Schwark*, Rn. 157.

[114] Vgl. hierzu das Gutachten des *Rats von Sachverständigen für Umweltfragen*, Waldschäden und Luftverunreinigungen, BT-Dr. 10/113.

[115] Der *Rat von Sachverständigen für Umweltfragen* beziffert den Schaden an Gebäuden, die durch Schwefeldioxid-Immissionen verursacht werden, auf jährlich ca. 4 MRD. DM, BT-Dr. 10/113, Tz. 421.

[116] Zu Tendenzen, die Schadensbegleichung auf den Staat abzuwälzen, vgl. *B. Bender*, VerwArch 77 (1986), S. 335ff.

[117] Grundsätzlich postuliert auch der SVR die strikte Befolgung des Verursacherprinzips und lehnt eine Abwälzung der Kostenlast von den Schadensverursachern auf die Steuerzahler ab, JG 1984/85, (BT-Dr. 10/2541), Tz. 406 . Gleiches müßte entsprechend auch für eine Abwälzung auf private Dritte gelten.

[118] Zum Wirtschaftswachstum als Umweltproblem siehe *L. Wicke*, Umweltökonomie, S. 34ff.

Erreichung auf Kosten der Gesundheit der Beschäftigten oder der Umwelt geht[119]. Als Konsequenz hieraus wäre der „konventionelle" Wachstumsbegriff zu modifizieren und um qualitative Indikatoren zu ergänzen, oder es müßte eine entsprechende Modifizierung der volkswirtschaftlichen Gesamtrechnung erfolgen. Ansätze zu einer Konzeption eines „wohlstandsorientierten Sozialprodukts"[120] könnten vermeiden, daß ein nominales Wachstum des Sozialprodukts eine Wohlstandsmehrung lediglich vortäuscht[121]. Denn Umweltschäden verursachen über bloße Umweltschutzinvestitionen hinaus „kompensatorische Nachfrage"[122], z.B. nach Medikamenten, medizinischen Dienstleistungen usw, die im Sozialprodukt zwar als positive Wertschöpfungsbeiträge registriert werden[123], aber eher Zeichen für abnehmenden als für steigenden Wohlstand sind[124]. Es ist im Extremfall denkbar, das bei progressiv steigenden Sozialkosten der durch Wirtschaftstätigkeit verursachten Umweltschäden ein nominales Wachstum des Sozialprodukts mit sinkendem gesamtgesellschaftlichem Wohlstand einhergehen kann[125]. In diesem Sinne eines konventionellen (nominalen) Wachstumsbegriffs kann das Wachstumsziel des § 2 SVRG unter Berücksichtigung des Sozialstaatsgebotes kaum verstanden werden.

Ob die Verortung der Frage der qualitativen Ausgestaltung des Wachstumsziels im Begriff der „Angemessenheit" unter Beibehaltung des konventionellen quantitativen Wachstumsverständnisses, wie der SVR neuerdings andeutet[126], dem ausreichend Rechnung trägt, erscheint fraglich.

4. Beurteilung „verschiedener Annahmen"

Nach § 2 S. 5 SVRG soll der SVR seinen Untersuchungen jeweils verschiedene Annahmen zugrundelegen. Der Wortlaut läßt nicht erkennen, welche Art von „Annahmen" hierdurch erfaßt werden sollen. Gemeint sein können die denkbaren tatsächlichen Entwicklungen der in Satz 2 genannten Zielgrößen, wenn Unsicherheiten in der Prognose bestehen, etwa wegen nicht einschätzbarer externer Faktoren[127]. Dazu können auch Annahmen bezüglich des Verhaltens von Wirtschaftssubjekten, die Adressaten der Gutachten sind, zählen, insbesondere also der Tarifpartner[128], aber auch der staatlichen Instanzen, die über

---

[119] Zum Ganzen: *K. Kapp*, Soziale Kosten der Marktwirtschaft, 1979.

[120] *P. Walser*, S. 109ff.

[121] *A. Yenal*, S. 43.

[122] *A. Yenal*, S. 38.

[123] *C. Leipert*, S. 122.

[124] Zu weiteren Faktoren mit negativem Wohlstandseffekt *L. Wicke*, Umweltökonomie, S. 331ff.

[125] *C. Leipert*, S. 123.

[126] JG 1985/86 (BT-Dr. 10/4295), Tz. 178.

[127] Z.B. die Entwicklung des Ölpreises im folgenden Jahr.

[128] Dazu *W. Eberle*, Sachverständigenrat und Lohnprognosen, passim.

wirtschaftspolitische Maßnahmen entscheiden[129]. In den Gesetzesmaterialien ist ausdrücklich die Rede von verschiedenen Annahmen hinsichtlich wirtschafts- und sozialpolitischer Entscheidungen, für die Alternativrechnungen durchzuführen seien[130]. In diesem Zusammenhang ist auch die Ablehnung des Vorschlags im Gesetzgebungsverfahren zu sehen, die Bundesregierung solle dem SVR vor der Erstellung des Gutachtens ihr wirtschaftspolitisches Programm bekanntgeben[131]. Würde nur dieses Programm vom SVR bewertet, liefe dies auf eine Benotung der Regierungspolitik hinaus, wodurch dem Rat zumindest auch eine staatsrechtlich bedenkliche politische (Oppositions-)Funktion zugewiesen würde[132].

Um dem umfassenden Beratungsauftrag des § 1 SVRG gerecht zu werden, soll der Rat zur Begutachtung der absehbaren gesamtwirtschaftlichen Entwicklung verschiedene Annahmen für wirtschafts- und sozialpolitische Maßnahmen und Verhaltensweisen der maßgeblichen Wirtschaftssubjekte und der staatlichen Instanzen zugrundelegen und beurteilen. Daß aus der Beurteilung Präferenzen für bestimmte Maßnahmen erkennbar sind[133], ist mit dem gesetzlichen Auftrag nicht unvereinbar[134]. Die Ansicht, der Rat solle nicht von einer Rangfolge der politischen *Ziele* ausgehen, sondern hierfür verschiedene Hypothesen zugrundelegen[135], verkennt, daß eine Zielvorgabe bereits in § 2 S. 2 SVRG enthalten ist und der Rat insoweit nur an seinen gesetzlichen Auftrag gebunden ist. § 2 S. 5 ist daher nur auf die Mittelauswahl zur Erreichung der gesetzlich vorgegebenen Ziele, nicht aber auf die Zielauswahl zu beziehen.

Letztlich wäre auch denkbar die Zugrundelegung verschiedener Annahmen über theoretische Hypothesen[136]. So forderte das ehemalige Ratsmitglied *Glastetter*, daß „wissenschaftliche Alternativkonzepte" durchaus im Text der Gutachten ihren Ausdruck finden sollten und nicht in die Minderheitenvoten abgedrängt werden sollten[137]. Dies wird, jedenfalls grundsätzlich, auch von der Ratsmehrheit akzeptiert[138].

Voraussetzung hierfür ist zwar ein Grundkonsens über das wirtschaftspolitische System; dies wird aber bereits durch § 2 S. 2 SVRG vorgegeben, der den

---

129 *K. Wegner*, S. 81.

130 Bericht des Abg. *Junghans*, zu BT-Dr. IV/1320, S. 2.

131 Bericht des Abg. *Junghans*, a.a.O.

132 Vgl. Abg. *Aschoff*, BT-Prot. IV. WP., 81. Sitzung, 26.6.1963, S. 3952.

133 Vgl. *K. Wegner*, S. 144f.

134 Eine vollständige gesetzliche „Sicherung gegen Willkür des Expertengremiums" (*G. Gäfgen*, S. 62) ist illusorisch; wertende Stellungnahmen des Rates sind im Gesetz angelegt.

135 *H. Tietmeyer*, S. 2283.

136 *G. Gäfgen*, S. 62.

137 FR v. 2.9.1981; vgl. auch *S. Matern-Rehm*, WiWo Nr.38 v. 11.9.1981, S. 50ff.; Die Zeit Nr. 37 v. 4.9.1981; FAZ v. 2.9.1981; alle zum spektakulären Rücktritt von Werner Glastetter.

138 Vgl. JG 1981/82 (BT-Dr. 9/1061), Vorwort Tz. 5.

Rahmen der marktwirtschaftlichen Ordnung festschreibt. Dieser Grundkonsens ist bisher von keinem Gutachter in Frage gestellt worden.

Deshalb gehört die Darstellung alternativer theoretischer Annahmen über die Wirkung bestimmter wirtschaftspolitischer Maßnahmen[139] durchaus zum Beratungsauftrag; nur sie belassen den Beratungsadressaten einen politischen Entscheidungsspielraum und stellen deshalb eine echte Entscheidungshilfe dar. Das dient auch der Wahrung der Autorität des Rates: die Vorstellung, die Ratsmitglieder seien völlig neutral, ist unrealistisch[140]. Deshalb kann er sich dem Verdacht, selbst Politik machen zu wollen, leicht dadurch entziehen, daß er alle im Rat vertretenen Positionen öffentlich präsentiert und die Politiker entscheiden läßt[141]. Gelingt es dem Rat nicht, „Pluralität zu verdeutlichen, so begibt er sich eben der Chance, von den großen gesellschaftlichen Gruppen akzeptiert und respektiert zu werden“[142].

In der Praxis der jährlichen Gutachten spielen Alternativrechnungen keine wesentliche Rolle[143].

5. Therapievorschläge, Empfehlungsverbot

Über die Prognose der absehbaren gesamtwirtschaftlichen Entwicklung hinaus soll der Rat auch Möglichkeiten zur Vermeidung oder Behebung von Fehlentwicklungen aufzeigen, § 2 S. 6. Hier wird ein deutlicher Schritt von dem Auftrag der wissenschaftlichen Analyse und Prognose hin zur politischen Beratung vollzogen. Darin liegt die wichtigste Funktion des Rates. Zwar erbringt auch die Erfüllung der in § 2 S. 1 normierten Aufgaben der Darstellung der gesamtwirtschaftlichen Lage und deren absehbarer Entwicklung wichtige Grundlagen politischer Entscheidung; hierfür hätte es aber nicht der Einrichtung eines neuen Sachverständigenrates mit gesetzlich garantierter Unabhängigkeit bedurft. Wesentlicher Grund für die Einrichtung war vielmehr die Hoffnung auf eine Versachlichung der politischen Diskussion über wirtschaftspolitische Entscheidungen staatlicher Instanzen und insbesondere der Tarifpartner[144]. Hierfür kommt den Therapievorschlägen zur Vermeidung und Beseitigung von Fehlentwicklungen besondere Bedeutung zu[145].

---

[139] Hier sei erinnert an die Kontroverse über die DM-Aufwertung, die letztlich zum Rücktritt des Ratsmitglieds Stützel im Jahre 1968 geführt hat; vgl. dazu *K. Wegner*, S. 7 mit Fn. 4-6.

[140] *O. Sievert*, zit. nach WiWo Nr. 38 v. 11. 9. 1981, S. 52.

[141] Vgl. *W. Glastetter*, zit. nach Die Zeit Nr. 37 v. 4. 9. 1981.

[142] *S. Matern-Rehm*, WiWo Nr. 38 v. 11. 9. 1981, S. 52.

[143] So monierte die Bundesregierung bereits in ihrer Stellungnahme zum ersten JG das Fehlen alternativer Darstellungen (BT-Dr. IV/2890, S. II); siehe dazu die gemeinsame Presseerklärung des SVR und der Bundesregierung im Anhang zum JG 1965/66 (BT-Dr.V/123), S. 166.

[144] S. dazu oben Teil A. I. mwN.

[145] Vgl. *W. Bauer*, Die Aussprache 1969, S. 270.

Allerdings begibt sich der Rat durch die Formulierung konkreter Vorschläge schnell in das Kreuzfeuer politischer Interessen, was wiederum seinem Ansehen und damit seinen Wirkungsmöglichkeiten abträglich sein kann. Als Ausweg aus diesem Dilemma und um die verfassungsrechtlich vorgegebenen Entscheidungskompetenzen der politischen Organe zu wahren, wurde dem Rat verboten, Empfehlungen für *bestimmte* wirtschafts- und sozialpolitische Maßnahmen auszusprechen[146].

Der SVR bezieht das Empfehlungsverbot offensichtlich nur auf die Empfehlungen für die wirtschaftspolitisch verantwortlichen *staatlichen* Instanzen, da er seine Aussagen zur Lohnpolitik nicht als Empfehlungen an die Wirtschafts- und Sozialpolitik ansieht, sondern an die Öffentlichkeit und die Tarifpartner, die er als zulässig erachtet[147]. Dieser Ansicht ist, gemessen am Normzweck des Empfehlungsverbotes[148] — dem Schutz der verfassungsmäßigen Kompetenzen der staatlichen Organe —, zu folgen.

Mißt man diesem Empfehlungsverbot nicht nur kosmetischen, sondern materiellen Gehalt zu, scheint hier ein unauflöslicher Widerspruch zu dem Auftrag, Therapievorschläge zu unterbreiten, zu liegen[149]. In der Praxis dürfte es wohl kaum vorkommen, daß zur Abwendung einer bestimmten Fehlentwicklung eine Mehrzahl wirklich verschiedener Lösungsvorschläge bereitsteht, die vom Rat zudem noch als gleichwertig und gleichwirksam angesehen werden[150]. So erklärt ein ehemaliges Ratsmitglied offen, daß „die vom Rat dargelegten Alternativen zur Korrektur der Fehlentwicklungen ... im Lichte der von ihm entwickelten wirtschaftspolitischen Konzepte stets deutlich erkennen (lassen), was wirtschaftspolitisch zu tun der Sachverständigenrat für richtig hält“[151].

Dieser Antagonismus wurde vom Gesetzgeber in § 2 S. 6 bewußt angelegt, aber insoweit entschärft, als das im ersten Entwurf vorgesehene generelle Empfehlungsverbot auf die Empfehlung *bestimmter* wirtschafts- und sozialpoli-

[146] Bericht des Abg. *Junghans*, zu BT-Dr. IV/1320, S. 2; der Rat selbst interpretiert das Empfehlungsverbot dahingehend, daß der Gesetzgeber damit zum Ausdruck bringen wolle, daß die politische Verantwortung ausschließlich bei den verfassungsmäßig vorgesehenen Organen liege; der Gesetzgeber wolle nicht einmal Empfehlungen, die diese Verantwortung nach außen hin abschwächen könnten, JG 1968/69 (BT-Dr. V/3550), Vorwort Tz. 5.

[147] JG 1978/79 (BT-Dr. 8/2313), Vorwort, Tz. 5.

[148] S.o. Fn. 145.

[149] *K. Wegner*, S. 81 f., 113ff.

[150] In JG 1968/69 (BT-Dr. V/3550), Vorwort, Tz. 5, räumt der Rat selbst ein, daß es in jeder konjunkturellen Situation nur eine optimale Konzeption gebe, weshalb auch bei Darstellung von Alternativen der Eindruck entstehe, es handele sich um Empfehlungen für bestimmte Maßnahmen; vgl. auch *O. Sievert*, S. 34.

[151] *A. Gutowski*, S. 11; vgl. etwa das als „Möglichkeit“ formulierte, aber eindeutige Plädoyer des Rates für eine von verschiedenen Interessengruppen geforderte einstufige Steuerreform im SG v. 23.6.1985 (BT-Dr. 10/4295), Anhang IV, Tz. 23ff., nachdem im gerade vom Parlament verabschiedeten SteuersenkungsG v. 26.6.1985 (BGBl. I, S. 1153) eine Steuersenkung in zwei Stufen festgelegt worden war.

tischer Maßnahmen beschränkt wurde[152]. Da man dem Gesetzgeber aber kaum unterstellen kann, daß er den Ratsmitgliedern etwas vorschreiben wollte, „von dem man von vornherein erwartet oder erhofft, daß sie sich nicht daran halten werden"[153], ist das Empfehlungsverbot einschränkend im Sinne eines „Appells"[154] zu verstehen, die Therapievorschläge unter Vermeidung unausgewogener Parteinahme als mittelfristige Marschrichtung zu fassen, ohne den verantwortlichen Gremien die Tagesarbeit der Formulierung konkreter Handlungsanweisungen abzunehmen. Das Verbot konkreter Empfehlungen hat dann nicht nur optische Wirkungen, sondern schützt auch den Rat selbst vor allzu deutlicher parteipolitischer Vereinnahmung[155]. Im Erlaß über den Sachverständigenrat für Umweltfragen[156], der weitgehend an das SVRG angelehnt wurde[157], ist auf ein Empfehlungsverbot verzichtet worden[158]. In § 24b Abs. 3 S. 2 GWB ist es der ebenfalls dem SVR nachgebildeten Monopolkommission sogar ausdrücklich aufgetragen, notwendige Gesetzesänderungen aufzuzeigen. Da dieser Auftrag sich auf das Wettbewerbsrecht beschränkt, das sich dem tagespolitischen Interesse weitgehend entzieht, ist die Öffentlichkeitswirkung des letztgenannten Gremiums nicht mit dem SVR vergleichbar.

Faßt man das Empfehlungsverbot nicht, wie ursprünglich beabsichtigt, als Mittel zur Wahrung der Kompetenzen der wirtschaftspolitischen Institutionen[159] auf, sondern einschränkend eher als Schutz für die Autorität und damit die Funktionsfähigkeit des Rates, so wird es neben der Pflicht zur Vorlage von Therapievorschlägen, die im Zweifel als vorrangig anzusehen ist, nicht sinnlos.

---

[152] Vgl. die Synopse in BT-Dr. IV/1320, S. 3; Bericht des Abg. *Junghans* zu BT-Dr. IV/1320, S. 2.

[153] So aber *H. Meinhold*, S. 130.

[154] *O. Sievert*, S. 33.

[155] *O. Sievert*, S. 33.

[156] S.o. Teil A. IV. 2.

[157] Vgl. Bulletin der Bundesregierung vom 4.1.1972, S. 6.

[158] Nach Ansicht von *G. Dietzel*, (ZRP 1973, S. 98) geschah dies deshalb, weil es sich als undurchhaltbar erwiesen habe. Ein weiterer Grund dürfte die geringere (partei-) politische Brisanz der Stellungnahmen des Sachverständigenrates für Umweltfragen sein, da im Umweltbereich idR nicht die Art bestimmter Umweltschutzmaßnahmen umstritten ist, sondern meist nur der Zeitpunkt und der vertretbare Umfang des Mitteleinsatzes.

[159] Vgl. *O. Sievert*, S. 33.

C. Rechtliche Stellung des Sachverständigenrates

Obwohl das Gesetz über die Bildung des Sachverständigenrates bereits seit über 24 Jahren in Kraft ist und der Rat eine entsprechende Anzahl von Jahresgutachten vorgelegt hat, sind in der rechtswissenschaftlichen Diskussion anfänglich geäußerte letzte Zweifel über die rechtliche Einordnung des Rates im Staatsaufbau[1] und die Verfassungsmäßigkeit des SVRG nicht ausgeräumt[2]. Die Klärung der Rechtsstellung des Rates ist insbesondere von Bedeutung für dessen prozeßrechtliche Stellung vor den Verwaltungsgerichten bzw. dem Bundesverfassungsgericht[3] und die Frage der verfassungsrechtlichen Zulässigkeit einer unabhängigen wissenschaftlichen Politikberatung. Die Rechtsprechung war mit dieser Frage bisher noch nicht befaßt. U.a. wegen dieser Unsicherheiten über den Status des Rates zogen die Ratsmitglieder es vor, interne Streitigkeiten zwischen Ratsmehrheit und Ratsminderheit in einem Schiedsgerichtsverfahren[4] zu klären[5].

I. Zuordnung der Funktionen und Kompetenzen des Rates

1. Gesellschaftlich-politische Funktionen im staatsfreien Bereich

Der Rat soll zur Urteilsbildung bei *allen* wirtschaftspolitisch verantwortlichen Instanzen, d.h. auch bei nichtstaatlichen „Instanzen", etwa den autonomen Tarifvertragsparteien[6], sowie in der Öffentlichkeit[7] beitragen, § 1 Abs. 1 SVRG. Der SVR soll damit in den nichtstaatlichen, gesellschaftlich-politischen Bereich hineinwirken. Dies geschieht vor allem durch die Gutachten, die selbst als Produkt wissenschaftlicher Forschung durch Art. 5 Abs. 3 GG vor staatlicher Einflußnahme geschützt sind[8].

---

[1] Vgl. *K. Carstens*, S. 165.

[2] So wird die Verfassungswidrigkeit angenommen von *E.-W. Böckenförde*, Organisationsgewalt, S. 257ff.; *Chr. Heinze*, Der Staat Bd. 6 (1967), S. 434ff.; *H. Fangmann*, in: Millionen Arbeitslose!, S. 187.

[3] *G. Dietzel*, Wissenschaft und staatliche Entscheidungsplanung, S. 213.

[4] Siehe hierzu die Entscheidung vom 21.5.1973, DÖV 1973, S. 852ff.; dazu *R. Scholz*, DÖV 1973, S. 843ff.; *H.-U. Erichsen*, VerwArch Bd. 65 (1974), S. 311ff.

[5] S.u. Teil F. V. 2.

[6] *K. Wegner*, S. 11.

[7] Zum Begriff der „Öffentlichkeit" vgl. *W. Martens*, S. 45ff.

[8] Art. 5 Abs. 3 GG gilt nicht nur für die Tätigkeit von Hochschullehrern an Hochschulen, *I. v. Münch*, GG, Bd. I, Art. 5 Rn. 69; auch gutachtliche Forschung kann

Da er keine hoheitlichen Entscheidungszuständigkeiten hat und staatsorganisatorisch von anderen staatlichen Stellen klar abgegrenzt ist, könnte er auch institutionell dem nichtstaatlichen, gesellschaftlich-politischen Bereich zuzuordnen sein[9].

2. Staatsbezogene Funktionen und Kompetenzen

Hauptadressat der Gutachten sind die staatlichen Instanzen, insbesondere Bundesregierung und Bundestag. Darauf weist auch die Reihenfolge für die Zuleitung der Gutachten hin; diese werden zunächst der Bundesregierung zugeleitet, bevor sie den gesetzgebenden Körperschaften vorgelegt und veröffentlicht werden[10]. Auch die Pflicht der Bundesregierung, zu den Gutachten spätestens acht Wochen nach Veröffentlichung Stellung zu nehmen, deutet auf die Wahrnehmung staatlicher Aufgaben durch den Rat hin[11].

Daneben stehen dem Rat anders als gesellschaftlichen Organisationen staatsinterne Kompetenzen zu: Er kann die fachlich zuständigen Bundesminister und den Präsidenten der Deutschen Bundesbank hören[12] und ist amtshilfeberechtigt[13].

Die gegenseitige Amtshilfeverpflichtung des Art. 35 Abs. 1 GG trifft nach dem weiten dort verwendeten Behördenbegriff alle Stellen, die unmittelbar staatliche Aufgaben wahrnehmen[14].

Die Kosten des Rates trägt der Bund[15] und ihm steht mit dem Statistischen Bundesamt eine staatliche Behörde als Geschäftsstelle zur Verfügung[16]. Die Mitglieder des Rates werden durch den Bundespräsidenten berufen[17]. All dies läßt auf die unmittelbare Wahrnehmung staatlicher Aufgaben schließen.

---

unter den Schutzbereich der Wissenschaftsfreiheit fallen, *v. Mangoldt-Klein*, GG, Bd. I, 2. Aufl. 1966, Art. 5, Anm. X 4 e, g, i; *R. Scholz*, in: Maunz/Dürig, GG, Art. 5 Abs. 3 Rn. 98.

[9] *G. Dietzel*, Wissenschaft und staatliche Entscheidungsplanung, S. 213 f. zieht insoweit eine Parallele zu den politischen Parteien.

[10] § 6 Abs. 1, 2 S. 3 SVRG.

[11] § 6 Abs. 1 SVRG; vgl. auch *O. Bachof*, AöR Bd. 83 (1958), S. 238.

[12] § 5 Abs. 1 SVRG.

[13] § 5 Abs. 3 SVRG.

[14] *M. Gubelt*, in: v. Münch, GG, Bd. II, Art. 35 Rn. 3; s. auch *K. Stern*, Staatsrecht II, S. 788. Der Behördenbegriff des Grundgesetzes ist insofern weiter gefaßt als der des Verwaltungsverfahrensrechts, der sich nur auf staatliche Stellen mit Außenzuständigkeit bezieht, vgl. *P. Stelkens/H. J. Bonk/K. Leonhardt*, VwVfG, § 1 Rn. 41; *F. Schnapp*, Zs. f. Sozialreform 1984, S. 144.

[15] § 11 Abs. 2 SVRG.

[16] § 9 SVRG.

[17] § 7 SVRG. Zur Rechtsnatur als einseitiger Hoheitsakt s. unten Teil F. I. 3.

3. Ergebnis

Das Sachverständigenrat nimmt mit der Beratung von Parlament und Regierung unmittelbar staatliche Aufgaben wahr[18]. Auch soweit er zur Urteilsbildung in der Öffentlichkeit beiträgt, geschieht dies nicht als Selbstzweck, sondern (mittelbar) zur Vorbereitung und Beeinflussung staatlicher wirtschaftspolitischer Entscheidungen[19] und im Auftrag des Staates[20]; letztlich handelt es sich also auch insoweit um eine gemeinwohlorientierte Funktion[21].

Im Gegensatz zu den politischen Parteien und anderen gesellschaftlichen Organisationen wurde der Rat durch staatlichen Hoheitsakt konstituiert und kann im actus contrarius auch wieder abgeschafft werden.

Im Ergebnis ist er daher insgesamt dem staatlichen Bereich zuzuordnen[22].

II. Einordnung innerhalb des staatlichen Bereichs

Demgegenüber ist die Einordnung des Sachverständigenrates innerhalb des Staatsaufbaus des Bundes streitig. Sie reicht von der Qualifizierung als „Institution sui generis"[23] und wirtschaftspolitischem Hilfsorgan des Bundes[24] über eine Einrichtung, die „einer obersten Bundesbehörde gleichzustellen" ist[25], „einer Art 'tribuni plebis' unserer Demokratie"[26] bis hin zum — verfassungsrechtlich unzulässigen — „faktischen" Verfassungsorgan[27]. Die Zuordnungsprobleme zeigen sich besonders deutlich bei *Böckenförde*, der den SVR zunächst als „in seinem organisationsrechtlichen Status in vielem einer zentralen Behörde gleich kommendes Gebilde" bezeichnet[28], dann als „quasi-politisches Organ mit

[18] Vgl. allgemein zur Beratung als Staatsaufgabe *G. Hesse*, insbes. S. 112ff.

[19] *G. Dietzel*, Wissenschaft und staatliche Entscheidungsplanung, S. 214; B.-O. *Bryde*, Zentrale wirtschaftspolitische Beratungsgremien, S. 89; *H. H. v. Arnim*, Gemeinwohl und Gruppeninteressen, S. 329.

[20] *W. Brohm*, in: Handbuch des Staatsrechts, Bd. II, S. 231.

[21] *H. H. v. Arnim*, Gemeinwohl und Gruppeninteressen, S. 331. Nach Ansicht des Bundesverfassungsgerichts ist Öffentlichkeitsarbeit zur Gewährleistung des politischen Konsenses im sozialen Rechtsstaat auch eine staatliche Aufgabe (BVerfGE 63, 230, 243; 44, 125, 147).

[22] Dies ist auch in der Literatur nicht bestritten; vgl. *Chr. Heinze*, Der Staat Bd. 6 (1967), S. 435; *E.-W. Böckenförde*, Organisationsgewalt, S. 256; *G. Dietzel*, Wissenschaft und staatliche Entscheidungsplanung, S. 214; *B.-O. Bryde*, Zentrale wirtschaftspolitische Beratungsgremien, S. 89.

[23] *B.-O. Bryde*, Zentrale wirtschaftspolitische Beratungsgremien, S. 87; *R. Scholz*, DÖV 1973, S. 843; *H.-U. Erichsen*, VerwArch Bd. 65 (1974), S. 311, 313; *K. Stern*, in: K. Stern/P. Münch/K.H. Hansmeyer, StabG, § 31 II. 3. a.

[24] *B.-O. Bryde*, Zentrale wirtschaftspolitische Beratungsgremien, S. 88.

[25] *G. Dietzel*, Wissenschaft und staatliche Entscheidungsplanung, S. 216.

[26] *J. H. Kaiser*, Planung II, S. 16.

[27] *Chr. Heinze*, Der Staat Bd. 6 (1967), S. 436f.

[28] *E.-W. Böckenförde*, Organisationsgewalt, S. 256.

Regierungsfunktion"[29], als Regierungsorgan[30] und schließlich als „unverantwortliche Nebenregierung ..., die der demokratischen Legitimation entbehrt"[31].

Bei der Bewertung dieser Einschätzungen, die aus dem Jahre 1964 stammen, ist zu berücksichtigen, daß ihnen noch keinerlei praktische Erfahrungen mit der tatsächlichen Wirkung der Gutachten zugrunde lagen, wodurch die Überschätzung des Einflusses des SVR verständlich wird. Angesichts der Verfassungswirklichkeit der letzten zwei Jahrzehnte dürften sich die Befürchtungen *Böckenfördes* als unbegründet erwiesen haben[32].

1. Der SVR als Staatsorgan

Der Staat handelt als apersonales abstraktes Gebilde durch seine Organe[33]. Da der Sachverständigenrat Staatsaufgaben wahrnimmt[34], könnte er selbst als Staatsorgan zu qualifizieren sein.

a) Der organisationsrechtliche Begriff des Organs

Der Organbegriff wird in den verschiedenen Wissenschaftsdisziplinen mit unterschiedlichem Begriffsinhalt verwendet[35]. Die Herausbildung eines engeren juristischen Organbegriffs verdankt die Rechtswissenschaft vor allem den Arbeiten von *Hans J. Wolff*[36]. Danach ist das Organ im organisationsrechtlichen Sinne eine relativ selbständige Funktionseinheit eines Ganzen, „ein durch organisierende Rechtssätze gebildetes, selbständiges institutionelles Subjekt von transitorischen Zuständigkeiten zur funktionsteiligen Wahrnehmung von Aufgaben einer (teil-) rechtsfähigen Organisation"[37]. Dieser Wolff'sche Organbegriff stellt im wesentlichen auf die Zurechnung von Handlungen des Organs gegenüber außerhalb des Rechtsträgers stehenden Personen ab[38]. Nur diesen

---

[29] A.a.O., S. 259.

[30] A.a.O., S. 258.

[31] A.a.O., S. 257.

[32] Vgl. *K. Wegner*, S. 96; kritisch zum „verfassungstheoretischen Vorverständnis" Böckenfördes *H. H. v. Arnim*, Gemeinwohl und Gruppeninteressen, S. 334.

[33] Dazu ausführlich H. *J. Wolff*, in: H.J. Wolff/O. Bachof, Bd. II, § 74 I; *E.-W. Böckenförde*, in: Festschrift für Wolff, S. 273ff. mwN.

[34] S.o. Teil C. I. 2., 3.

[35] Zur etymologischen Bedeutung des Begriffs Organ, vgl. *R. Dreier*, Stichwort: Organlehre, in: evangelisches Staatslexikon, Sp. 1699ff.; zur historischen Entwicklung des Organbegriffs *E.-W. Böckenförde*, Stichwort: Organ, in: Geschichtliche Grundbegriffe, S. 518ff., 618f.

[36] Organschaft und juristische Person, insbes. Bd. 2, § 11; *H. J. Wolff/O. Bachof*, Bd. II, 4. Aufl., § 74.

[37] *H.J. Wolff*, in: H.J. Wolff/O. Bachof, Bd. II, 4. Aufl., § 74 I f (S. 48); kritisch dazu *E.-W. Böckenförde*, in: Festschrift für Wolff, S. 269ff.

[38] *F. Schnapp*, AöR Bd. 105 (1980), S. 243, 255f.; *E.-W. Böckenförde*, in: Festschrift für Wolff, S. 279.

gegenüber sind die Organzuständigkeiten „transitorisch", d.h. sie werden vom Organ für den Staat als Rechtsträger wahrgenommen; das Organ ist nur Zurechungs*zwischen*subjekt seiner Kompetenzen.

Dagegen sind im innerorganisatorischen Rechtsverhältnis[39] die Kompetenzen der Funktionseinheiten untereinander keine *transitorischen* Wahrnehmungszuständigkeiten mehr, sondern erscheinen als eigene Kompetenzen; die Funktionseinheiten sind Zurechnungsendsubjekte ihrer eigenen inner-organisatorischen Rechte und Pflichten[40].

Daraus folgt, daß — hält man an den „transitorischen Wahrnehmungszuständigkeiten" als notwendigem Tatbestandsmerkmal des Organbegriffs fest — Organe „auf der Organebene ... nicht mehr Organe" sind[41]. Die Handhabbarkeit eines solchen relativen Organbegriffs ist in der Praxis allerdings problematisch. So dienen innerhalb staatlicher Organisationen die meisten obersten Funktionsträger[42] der internen Willensbildung[43]; nur bestimmte Funktionsträger stellen die Handlungsfähigkeit der juristischen Personen nach außen her[44].

Besonders deutlich wird dies im Kommunalrecht, wo als Ausfluß des Rechtsgedankens der Einheit der Verwaltung die Außenvertretungsbefugnis beim Gemeindedirektor monopolisiert wird[45]. Die Beibehaltung der Wolff'schen Definition hätte zur Folge, daß für Funktionsträger, soweit sie der staatsinternen Willensbildung dienen, ein anderer „terminus technicus" gefunden werden müßte, obwohl sie innerorganisatorisch mit Außenvertretungs-„Organen" gleichgestellt sind. „Organstreitigkeiten" konnte es hiernach begrifflich nicht geben. Um diese Schwierigkeiten zu umgehen, wendet *F. Schnapp* den Organbegriff auch zur Zuständigkeitsabgrenzung verschiedener Funktionseinheiten untereinander, allerdings „untechnisch", an[46].

Auch bei *Hans J. Wolff* selbst ist die Verwendung des Organbegriffs nicht konsequent an der eigenen Definition orientiert; er spricht von „internen Organen"[47].

---

39 Zum Begriff *H.J. Wolff*, in: H.J. Wolff/O. Bachof, Bd. I, § 32 V a (S. 213).

40 *E.-W. Böckenförde*, in: Festschrift für Wolff, S. 278; *H. Maurer*, § 21 Rn. 26; zur Relativität der Organbegriffs vgl. auch *F. Schnapp*, AöR Bd. 105 (1980), S. 256.

41 *F. Schnapp*, AöR Bd. 105, S. 256; *ders.*, Rechtstheorie, Beiheft 5 (1984), S. 402.

42 Z.B. Bundestag, Bundesrat, Gemeinderat, Ausschüsse usw.

43 In der Wolff'schen Terminologie „Beschlußorgane", *H. J. Wolff/O. Bachof*, Bd. II, § 75 I d (S. 64).

44 Z.B. Bundesregierung, Bundespräsident, Gemeindedirektor, nach Wolff „Vertretungsorgane (Außenorgane)", *H.J. Wolff/O. Bachof*, Bd. II, § 75 I e 1 (S. 67).

45 *J. Oebbecke*, DVBl. 1987, S. 869; vgl. z.B. §§ 47 Abs. 1 S. 2, 55 Abs. 1 GO nw.

46 AöR Bd. 105, S. 276 mit Fn. 184: „Das für den Organbegriff wesentliche Moment der transitorischen Wahrnehmungszuständigkeit wird irrelevant, sobald es um die Befugnisabgrenzung zwischen Untergliederungen einer juristischen Person im Verhältnis zueinander geht".

47 *H.J. Wolff/O. Bachof*, Bd. II, 4. Aufl., S. 68.

Letztlich wird die Verwendung des Organbegriffs im Gesetz der Relativität der Wolff'schen Definition nicht gerecht; im Grundgesetz wird dieser explizit zur Zuständigkeitsabgrenzung von staatlichen Funktionseinheiten untereinander verwendet und nicht in bezug auf die Außenbeziehungen des Staates zu anderen Rechtssubjekten, vgl. Art. 93 Abs. 1 Nr. 1 GG.

Entsprechendes gilt für die in Rechtsprechung und Literatur ganz herrschende Terminologie bei verwaltungsgerichtlichen „Organstreitverfahren"[48].

Deshalb erscheint es nicht sinnvoll, dem organisationsrechtlichen Organbegriff die Wolff'sche Definition zugrundezulegen und im übrigen der herrschenden Begriffsverwendung durch „untechnischen" Gebrauch gerecht zu werden; vielmehr sind auch die innerorganisatorischen Organfunktionen miteinzubeziehen[49].

Neben Funktionseinheiten mit transitorischen Wahrnehmungzuständigkeiten sind auch solche als Organe zu qualifizieren, die, als Teil einer Organisation, durch Rechtssatz gebildetes institutionelles Subjekt von organisationsrechtlichen *Eigen*zuständigkeiten sind[50]. Maßstab für die Organ-Qualifikation ist dann die Stellung des Funktionsträgers innerhalb der Organisation, insbesondere seine Selbständigkeit[51]. Nimmt der Funktionsträger ihm durch Rechtssatz[52] zugewiesene Eigenzuständigkeiten wahr, die ihm nicht von anderen Funktionsträgern entzogen werden können, und ist er nicht einem anderen Funktionsträger zugeordnet, so ist er auch unter innenrechtlicher Betrachtung als Organ zu qualifizieren[53].

Dieses Ergebnis wird erhärtet durch den Zweck der Funktionsaufteilung innerhalb staatlicher Körperschaften, der aus verfassungsrechtlichen Anforderungen resultiert: Der Grundsatz der Gewaltenteilung, das Demokratieprinzip, das Bundesstaatsprinzip, das Rechtsstaatsprinzip und der Gedanke des Minderheitenschutzes gebieten eine Binnendifferenzierung im Prozeß der staatlichen Willensbildung[54], die in der Normierung von unentziehbaren Eigenzuständigkeiten für verschiedene Staatsorgane zur internen Willensbildung ihren Aus-

---

[48] Etwa *F. Schnapp*, AöR Bd. 105, S. 276; weitere Nachweise unten Teil E. II. 2.

[49] So im Ergebnis auch *E.-W. Böckenförde*, in: Festschrift für Wolff, S. 278f.

[50] So im Ergebnis auch *H.-U. Erichsen*, Der Innenrechtsstreit, S. 216; *H. Bethge*, DV 1975, S. 475.

[51] So auch *H.-J. Wolff*, in: H.J. Wolff/O. Bachof, Bd. II, § 74 I f 1 (S. 49); *E.-W. Böckenförde*, in: Festschrift für Wolff, S. 281.

[52] Organisationsstatut der Organisation; Rahmengesetz, z.B. Aktiengesetz, Gemeindeordnung.

[53] So im Ergebnis auch *R. Scholz*, DÖV 1973, S. 844, der, allerdings ohne nähere dogmatische Begründung, für offene Organkategorien eintritt, die bei der ganzen „funktionellen Breite der verfassungs- und verwaltungspolitischen Entscheidungs- und Willensbildungsprozesse ansetzen...".

[54] *H. Bethge*, Grundrechtsberechtigung, S. 72.

druck findet[55]. Damit gehört zu den Organfunktionen nicht nur die *Vollziehung* des Staatswillens, sondern auch dessen *Erzeugung*[56].

b) Der Sachverständigenrat als Bundesorgan

Durch seine gesetzlich garantierte unabhängige Stellung und Weisungsfreiheit ist der Rat anderen Staatsorganen nicht nach- bzw. untergeordnet[57].

Als gesetzlich institutionalisiertes Subjekt nimmt er in der Hauptsache staatsintern Aufgaben der wirtschaftspolitischen Willensbildung wahr und ist innenrechtlich als oberstes Bundesorgan zu qualifizieren[58].

Soweit der Rat zur Erleichterung der Urteilsbildung in der Öffentlichkeit tätig wird, nimmt er staatliche Außenzuständigkeiten wahr, so daß er insoweit auch nach dem engen Wolff'schen Organbegriff als Bundesorgan qualifiziert werden kann[59]. Dabei kommt es nicht darauf an, ob der Funktionsträger Handlungen mit unmittelbaren Rechtswirkungen vornimmt[60]; auch „Tathandlungen" wie die Gutachtenerstattung sind zurechenbar[61]. Durch die Veröffentlichung der Gutachten tritt der Sachverständigenrat der Öffentlichkeit selbständig gegenüber[62]. Im übrigen können die Handlungen des Rates durchaus als rechtserheblich angesehen werden. Der Sachverständigenrat kann Amtshilfe anfordern, und zwar nicht nur von Bundes-, sondern auch von Landesbehörden[63]; er kann neben den Bundesministern auch den Präsidenten der Bundesbank hören[64]. Vor allem aber begründet die Veröffentlichung der Jahresgutachten die Rechtspflicht der Bundesregierung, innerhalb der Acht-Wochen-Frist dazu Stellung zu nehmen[65]. Diese Handlungen wirken zwar nur innerhalb der staatlichen Organisation, entbehren aber nicht rechtlicher Verbindlichkeit.

---

[55] Dieser materiellrechtliche Gedanke findet seine prozessuale Umsetzung im Organstreitverfahren; s. dazu u. Teil E. II. 2.

[56] So bereits *H. Kelsen*, Allgemeine Staatslehre, S. 270 zum „Rechtswesensbegriff" des Organs; *R. Scholz*, a.a.O.

[57] Mag man auch seine Beratungstätigkeit für Bundestag und Bundesregierung als Hilfs- und Unterstützungsfunktion ansehen (*B.-O. Bryde*, S. 88f.), so ist daraus keine hierarchische Unterordnung abzuleiten. Merkmal eines obersten Bundesorgans ist, daß es keinem anderen Organ untergeordnet ist; vgl. *H. Loening*, DVBl. 1954, S. 174; vgl. auch §§ 3, 6 Abs. 1 LOG nw.

[58] *B.-O. Bryde*, S. 88; *H.J. Wolff*, in: H.J. Wolff/O. Bachof, Bd. II, § 75 III b 1 (S. 74); *Chr. Heinze*, Der Staat Bd. 6 (1967), S. 437; *J. Eggers*, S. 171; zum Begriff des obersten Staatsorgans vgl. *K. Stern*, Staatsrecht II, § 26 I 2 b (S. 42).

[59] *H.J. Wolff*, in: H.J. Wolff/O. Bachof, Bd. II, § 75 III b 1 (S. 74) zählt ihn zu den beratenden Kollegialorganen.

[60] So aber wohl *H. Kipp*, DÖV 1957, S. 513, 518; *R. Scholz*, DÖV 1973, S. 844; dagegen zu Recht *E.-W. Böckenförde*, Organisationsgewalt, S. 30 Fn. 32.

[61] *H.J. Wolff*, in: H. J. Wolff/O. Bachof, Bd. II, § 74 I f 1 (S. 49).

[62] *B.-O. Bryde*, S. 89.

[63] § 5 Abs. 3 SVRG.

[64] § 5 Abs. 1 SVRG.

2. Der SVR als Verfassungsorgan

Teilweise wird das Gesetz über die Bildung des Sachverständigenrats zur Verfassung im materiellen Sinne gerechnet[66]; seinen Funktionen wird „verfassungsrechtlicher Rang" beigemessen[67].

Daher könnte der Rat selbst — mit entsprechenden prozeßrechtlichen Konsequenzen[68] — als Verfassungsorgan zu qualifizieren sein.

a) Der Begriff des Verfassungsorgans

In der Literatur hat sich, insbesondere anläßlich des Streits um den Status des Bundesverfassungsgerichts[69], ein Verfassungsorganbegriff herausgebildet, der die formelle Verfassung, das Grundgesetz, zum Ausgangspunkt nimmt:

„Es muß sich um Organe handeln, die von der Verfassung nicht bloß erwähnt, sondern von ihr in Existenz, Status und wesentlichen Kompetenzen konstituiert werden, in dem sie dem Staat durch Existenz und Funktion seine spezifische Gestalt verleihen und durch ihre Tätigkeit an der obersten Staatsleitung Anteil haben"[70]. Da der Sachverständigenrat bereits im GG nicht erwähnt ist und im übrigen selbst bei hoher Einschätzung seiner Stellung die geforderten materiellen Kriterien nicht erfüllt, kann er hiernach nicht zu den Verfassungsorganen gezählt werden[71].

Auch wenn man einen materiellen Verfassungsbegriff zugrundelegt, der neben dem Grundgesetz auch alle Regelungen der Organisation der Staatsgewalt umfaßt[72], kommt man zu keinem anderen Ergebnis. Verfassungsorgane sind zueinander prinzipiell gleichgeordnet[73]. Der SVR ist als oberstes Staatsorgan in seiner Tätigkeit durch seine unabhängige Stellung anderen obersten Staats- und Verfassungsorganen gleichgestellt. Da seine Einrichtung aber nur auf einfachem Gesetzesrecht beruht, ist sein Bestand institutionell vom Willen eines anderen Verfassungsorgans abhängig[74]; insofern ist seine Gleichrangigkeit mit den

---

[65] § 6 Abs. 1 S. 3 SVRG.

[66] So *G. Dietzel*, Wissenschaft und staatliche Entscheidungsplanung, S. 216; vgl. auch *Chr. Heinze*, Der Staat Bd. 6 (1967), S. 436.

[67] *Chr. Heinze*, a.a.O., S. 435.

[68] Dazu u. Teil E. II. 1.

[69] Vgl. dazu die in JöR NF Bd. 6, S. 109ff. zusammengestellten Materialien mit den Stellungnahmen des Plenums des Bundesverfassungsgerichts.

[70] *K. Stern*, Staatsrecht II, § 32 II 2 b (S. 344) mwN.

[71] So im Ergebnis auch *R. Scholz*, DVBl. 1973, S. 844.

[72] Dazu *K. Stern*, Staatsrecht I, § 3 II 2 d (S. 72f.); *Th. Maunz*, in: Maunz/Dürig, Art. 93 Rn. 4; *E. Stein*, Staatsrecht, § 1 V; hierunter soll nach *G. Dietzel*, S. 216, auch das SVRG fallen.

[73] *K. Stern*, Staatsrecht II, § 26 I 2 (S. 42).

[74] *G. Dietzel*, S. 216.

durch das Grundgesetz eingerichteten Staatsorganen nicht gewährleistet. Der SVR ist deshalb selbst kein Verfassungsorgan.

b) Faktische Wahrnehmung von Verfassungsorganfunktionen

Der SVR könnte — unter Verstoß gegen die Kompetenzordnung des GG — Funktionen von Verfassungsorganen wahrnehmen, ohne diesen zugeordnet zu sein. So vertritt *Heinze*[75] die These, alle staatlichen Funktionen seien wegen des „numerus clausus" der Verfassungsorgane letztlich einem (durch das GG errichteten) Verfassungsorgan zugeordnet, wogegen das SVRG verstoße.

aa) Wahrnehmung von Regierungsfunktionen

E.-W. Böckenförde sieht die Einheit der Regierungsgewalt gefährdet, da der SVR einerseits Regierungsfunktionen wahrnehme, andererseits aber nicht der Richtlinienkompetenz des Bundeskanzlers unterliege[76]. Das Bundesverfassungsgericht ist der Ansicht, daß es Regierungsaufgaben gebe, die wegen ihrer politischen Tragweite nicht der Regierungsverantwortung entzogen werden dürften[77]. Es ist aber sehr zweifelhaft, ob der Sachverständigenrat tatsächlich Regierungsfunktionen ausübt. Entscheidungskompetenzen in wirtschaftspolitischen Fragen hat der Rat nicht[78]. Seine Wirkung bleibt auf Einflußnahme indirekter Art auf die Regierung beschränkt. Sie kann nur auf der Überzeugungskraft der Argumente der Gutachten beruhen[79], weil diese das einzige Mittel sind, mit denen der Rat tätig wird[80]. Daß die Regierung vielfältigen Beeinflussungsversuchen der verschiedensten gesellschaftlichen Kräfte ausgesetzt ist, die — machtpolitisch gesehen — ein ungleich größeres Gewicht besitzen als der SVR[81], ist, für sich genommen, noch nicht bereits als Funktionsverlust der Regierung anzusehen[82]. Der Wert der Gutachten des Rates liegt gerade darin, daß sie frei sind von den Rücksichtnahmen auf die gesellschaftlichen

---

[75] Der Staat Bd. 6 (1967), S. 437.

[76] *E.-W. Böckenförde*, Organisationsgewalt, S. 258.

[77] BVerfGE 9, S. 268, 282 (zum bremischen Personalvertretungsgesetz); dazu ausführlich unten Teil D.

[78] Vgl. *R. Scholz*, DÖV 1973, S. 843; *U. Unger*, S. 122; dies wäre aber Voraussetzung für eine echte Beteiligung an der Regierungsgewalt; *F. Knöpfle*, BayVBl. 1967, S. 405. Soweit *E. Klein* (S. 71) konstatiert, „daß hier der Punkt erreicht ist, wo nicht bloß faktisch, sondern in rechtlich gebundener Weise die Regierung zu einem Handeln gezwungen ist, das kraft Öffentlichkeitswirkung des Gutachtens sachlich weitgehend determiniert ist", ist dies schlicht unrichtig; in der Verfassungswirklichkeit der letzten Jahrzehnte findet sich für diese These keinerlei Anhaltspunkt. Dazu *U. Unger*, S. 122 f, 136ff.

[79] Vgl. Schiedsgerichtsurteil, DÖV 1973, S. 854.

[80] *G. Dietzel*, S. 219.

[81] *H.H. v. Arnim*, Gemeinwohl und Gruppeninteressen, S. 335f.

[82] Maßstab hierfür kann bestenfalls der tatsächliche Erfolg solcher Interessengruppen sein.

Kräfte, von denen das Regierungshandeln aber wesentlich geprägt ist[83]. Im Gegenteil wird man es als Stärkung der Regierung ansehen müssen, wenn ein unabhängiger Sachverständigenrat ein argumentatives „Gegengewicht" zur Einflußnahme durch intransparente Interessenverbände bildet[84].

In der gesetzlich garantierten Unabhängigkeit liegt ein weiterer Grund, warum von einer tatsächlichen Ausübung von Regierungsfunktionen nicht die Rede sein kann: Der Rat erbringt mit seinem Gutachten eine Leistung, die die Regierung gar nicht selbst erbringen kann[85], und zwar nicht wegen mangelnder fachlicher Kompetenz — diese ist u.a. in den Ministerien und den ministeriellen Beiräten durchaus vorhanden —, sondern wegen des politischen Drucks, dem sie von den verschiedenen Interessengruppen ausgesetzt ist. Insofern können ihr durch die Erstellung der Gutachten keine Kompetenzen entzogen werden.

Ein Eingriff in Regierungskompetenzen wird auch in der Verpflichtung der Bundesregierung, zu den Gutachten Stellung zu nehmen[86], gesehen[87].

Dieser Vorwurf geht schon insofern fehl, als der SVR der falsche Adressat ist; vielmehr wird hierdurch das Recht des Bundestages in Frage gestellt, eine solche Berichtspflicht für die Bundesregierung zu normieren[88]. Diese findet ihre verfassungsrechtliche Grundlage nicht nur in der Kontrollfunktion des Bundestages, sondern auch in dem konkret normierten Zitierrecht des Parlaments, Art. 43 Abs. 1 GG, das auch die Pflicht der Regierungsmitglieder umfaßt, den Abgeordneten Rede und Antwort zu stehen[89]. Die Pflicht, zu den Gutachten des SVR Stellung zu nehmen, bedeutet angesichts der Aufgabenstellung der Ratsgutachten[90], daß die Bundesregierung regelmäßig dem Parlament erläutern muß, wie sie gedenkt, die Ziele des § 1 Abs. 1 StabG zu erreichen. Daß dies gemessen an einem Gutachten des Sachverständigenrates geschieht, macht deutlich, daß er insoweit Unterstützungsfunktionen für das Parlament leistet, indem er die „Meßlatte" für die Regierungspolitik liefert[91], nicht aber, daß er Regierungsfunktionen ausübt.

Soweit von den Ratsgutachten tatsächlich informelle Handlungszwänge auf die Regierung ausgehen sollten (was in den letzten 23 Jahren wohl kaum nachweisbar geschehen sein dürfte)[92], sind diese verfassungsrechtlich nicht

---

[83] *R. Schmidt*, S. 200 mit Fn. 194; *J.H. Kaiser*, S. 16.

[84] *H.H. v. Arnim*, Gemeinwohl und Gruppeninteressen, S. 336.

[85] *B.-O. Bryde*, S. 144.

[86] § 6 Abs. 1 S. 3 SVRG.

[87] *Chr. Heinze*, Der Staat Bd. 6 (1967), S. 438.

[88] Zu diesem „legislatorischen Zugriffsrecht auf den Bereich der Regierung" ausführlich *U. Unger*, S. 112f.

[89] *L.-A. Versteyl*, in: v. Münch, GG, Bd. II, Art. 43, Rn. 22 mwN; *W. Brohm*, in: Festschrift für Forsthoff, S. 63.

[90] Vgl. § 2 SVRG.

[91] Vgl. *B.-O. Bryde*, S. 142.

faßbar. Derartige Einflüsse gehen in größerem Umfang von den gesellschaftlichen Gruppen aus, insbesondere den Gewerkschaften und Unternehmerverbänden, die ihrerseits wiederum wissenschaftliche Rückendeckung von den ihnen nahestehenden wirtschaftswissenschaftlichen Forschungsinstituten bekommen[93]. Weitere Entscheidungsgrundlagen liefern die im Frühjahr und Herbst eines jeden Jahres erscheinenden Gemeinschaftsgutachten der fünf wirtschaftswissenschaftlichen Forschungsinstitute[94], die ebenfalls die gesamtwirtschaftliche Entwicklung begutachten. Übernimmt die Bundesregierung Vorschläge oder Argumentationsmuster aus Gutachten, macht sie sich diese zu eigen und ist dafür auch uneingeschränkt selbst verantwortlich[95].

Im Ergebnis bleibt festzuhalten: Der SVR unterstützt die Bundesregierung in ihrer Tätigkeit, entzieht ihr aber keine Aufgaben, sondern liefert Material, das die Regierung selbst nicht erstellen kann. Insofern nimmt der Rat nicht selbst faktisch Regierungsfunktionen wahr.

bb) Wahrnehmung von Parlamentsfunktionen

Auch das Parlament zählt zu den wirtschaftspolitisch verantwortlichen Instanzen, die nach § 1 Abs. 1 SVRG Adressaten der Beratung sind, so daß der Rat — faktisch — auch dessen Funktionen ausüben könnte. So konstatiert *Heinze*, der Bundestag habe mit der Errichtung des Sachverständigenrates „einen Einbruch in seinen eigenen Kompetenzbereich verordnet“, worin ein verfassungsrechtlich unzulässiger Kompetenzverzicht zu sehen sei[96]. Er begründet dies damit, daß das Parlament sich „teilweise der Verbindlichkeit der Äußerungen des Rates nicht entziehen kann und dadurch in seiner Entscheidungsfreiheit eingeengt wird“[97].

Aber auch hier gilt, daß der SVR keine Entscheidungskompetenzen und auch keine Initiativrechte o.ä. inne hat[98] und nur durch die Überzeugungskraft seiner Argumente wirken kann[99]. Kann der Bundestag sich tatsächlich einmal den Inhalten der Ratsgutachten nicht entziehen, so kommt er entweder aus Einsicht zum gleichen Ergebnis oder er hat keine eigenen Lösungen, was wiederum nicht ein Zeichen von Kompetenzverlust, sondern eher von Kompetenzmangel ist.

---

92 *K. Wegner*, S. 130ff.; *U. Unger*, S. 136ff.

93 *J. Oebbecke*, Weisungs- und unterrichtungsfreie Räume in der Verwaltung, S. 82.

94 Dazu *A. Gutowski*, S. 11; *D. Masberg*, Stichwort: Wirtschaftsforschungsinstitute, in: Lexikon Wirtschaftspolitik, S. 211ff.

95 *F. Knöpfle*, BayVBl. 1967, S. 405; *E. Klein*, S. 69.

96 *Chr. Heinze*, Der Staat Bd. 6 (1967), S. 440.

97 *Chr. Heinze*, a.a.O.; dem widersprechen aber alle Erfahrungen mit der Ratstätigkeit; *U. Unger*, S. 122ff.

98 Er darf nicht einmal konkrete Empfehlungen aussprechen, § 2 S. 6 SVRG; s. dazu o. Teil B. II. 5.

99 Vgl. Schiedsgerichtsurteil, DÖV 1973, S. 854.

Soweit der Rat dem Parlament wissenschaftliche Maßstäbe für die Kontrolle der Regierung liefert[100], leistet er neutrale Hilfen, die das Parlament selbst wegen seiner parteipolitischen Einbindungen nicht erbringen könnte[101]. Darüber hinaus ist zu berücksichtigen, daß das Parlament nicht wie die Bundesregierung über einen der Ministerialverwaltung vergleichbaren qualifizierten Apparat verfügt. Damit nimmt der Rat auch für den Bundestag Hilfsfunktionen wahr, die dessen Kompetenz und Verantwortlichkeit in keiner Weise schmälern, vielmehr seine Entscheidungsgrundlagen erweitern.

c) Zusammenfassung

Der SVR ist selbst kein Verfassungsorgan und nimmt auch nicht faktisch Kompetenzen anderer Verfassungsorgane wahr[102].

Er konnte daher — jedenfalls unter diesem Aspekt — ohne verfassungsänderndes Gesetz errichtet werden[103].

---

[100] S.o. aa).

[101] So im Ergebnis auch *U. Unger*, S. 127.

[102] Dies sieht auch der Rat selbst so. Er ist der Ansicht, der Gesetzgeber habe durch das „Empfehlungsverbot unmißverständlich zum Ausdruck gebracht, daß die politische Verantwortung in diesem Bereich ausschließlich bei den verfassungsmäßig zuständigen Organen verbleibt"; JG 1966/67 (BT-Dr. V/1160), Vorwort, Tz. 5.

[103] *B.-O. Bryde*, S. 144.

D. Zulässigkeit der Errichtung des Sachverständigenrates als unabhängiges Beratergremium von Regierung und Parlament

Der SVR ist ausgestaltet als Beratungsgremium von Regierung *und* Parlament, ohne einer dieser Staatsgewalten organisatorisch vollständig zurechenbar zu sein[1]. Er ist nur an den durch das SVRG begründeten Auftrag gebunden und in seiner Tätigkeit unabhängig[2], d.h. er ist nicht den Weisungen anderer Staatsorgane unterworfen. Aufgrund dieser unabhängigen Stellung wird die Verfassungswidrigkeit des SVRG konstatiert[3], im wesentlichen unter dem Gesichtspunkt, hier sei ein „ministerialfreier Raum" geschaffen worden[4], d.h. ein Bereich staatlicher Tätigkeit, der nicht einem Minister nachgeordnet ist, der wiederum dem Parlament gegenüber Verantwortung trägt[5]. Die Zulässigkeit ministerialfreier Räume wird weitgehend verneint; jedenfalls sollen Ausnahmen von dem Prinzip ministerieller Verantwortung einer verfassungsrechtlichen Rechtfertigung bedürfen[6]. Im folgenden soll nicht die Zulässigkeit ministerialfreier Räume in ihrer gesamten Breite erörtert werden[7]. Im Gegensatz zu den meisten anderen Stellen, die als „ministerialfrei" angesehen werden[8], hat der SVR keine echten Entscheidungszuständigkeiten nach außen, so daß hier das Verfassungsrecht nur auf solche Normen und Grundsätze hin zu untersuchen ist, die möglicherweise die Zulässigkeit unabhängiger Beratung in Frage stellen[9].

---

[1] S.o. Teil C.

[2] § 3 Abs. 1 SVRG.

[3] Vgl. *Chr. Heinze*, Der Staat Bd. 6 (1967), S. 437; *E.-W. Böckenförde*, Organisationsgewalt, S. 257ff.; zustimmend *F. Ossenbühl*, S. 139f.

[4] Vgl. *E. Klein*, S. 71, 214.

[5] Zum Begriff *W. Müller*, Ministerialfreie Räume, JuS 1985, S. 497.

[6] *R. Wendt*, NWVBL 1987, S. 38.

[7] Vgl. dazu ausführlich *E.Klein*, Die verfassungsrechtliche Problematik des ministerialfreien Raumes, 1974; *P. Füßlein*, Ministerialfreie Verwaltung, 1972; *C.-P. Fichtmüller*, Zulässigkeit ministerialfreien Raums in der Bundesverwaltung, AöR Bd. 91 (1966), S. 297ff.; kritisch *G.F. Schuppert*, Die Erfüllung öffentlicher Aufgaben, S. 350ff.

[8] Z.B. die Bundesbank, der Bundesrechnungshof, staatliche Prüfungssausschüsse, Personalräte (dazu BVerfGE 9, S. 268ff.), die Bundesprüfstelle für jugendgefährdende Schriften usw.; weitere Beispiele bei *W. Müller*, JuS 1985, S. 500ff.

[9] Auf die zusätzlichen Probleme, die sich für die Pflicht der Monopolkommission aus § 24 b Abs. 5 iVm § 24 Abs. 3 GWB ergeben, bei Einzelentscheidungen des BMWi tätig zu werden (s.o. Teil A. IV. 1.), wird deshalb hier nicht eingegangen.

I. Gewaltenteilungsgrundsatz

Nach Art. 20 Abs. 2 S. 2 GG wird die Staatsgewalt durch *besondere* Organe der Gesetzgebung, der vollziehenden Gewalt und der Rechtsprechung ausgeübt. Leitet man aus dem hierin[10] zum Ausdruck kommenden Prinzip der Trennung der Staatsgewalten die Forderung nach einer restlosen Aufteilung der Staatsfunktionen auf die drei klassischen Bereiche Exekutive, Legislative und Judikative ab[11], wäre die Errichtung eines unabhängigen Organs, das Funktionen zweier Staatsorgane vereinigt, damit nicht vereinbar. Diese Konsequenz ist allerdings nur dann folgerichtig, wenn es sich bei der internen Beratung von Staatsorganen durch Staatsorgane tatsächlich um die Ausübung von Staats*gewalt* handelt[12]; dies ist aber ausgesprochen zweifelhaft, da der Begriff der Staats„gewalt" bereits sprachlich mehr auf die Durchsetzung des staatlichen Willens hindeutet als auf die bloße Willensbildung[13].

Auch nach Ansicht des Bundesverfassungsgerichts unterfällt nicht jede Wahrnehmung staatlicher Funktionen dem Begriff „Ausübung der Staatsgewalt"; Maßstab ist hiernach die „Wichtigkeit" der Aufgabe und die Frage, ob „Entscheidungsbefugnisse" wahrgenommen werden[14]. Mit letzterem sind aber nur unmittelbar regelnde Entscheidungen erfaßt, die dem SVR nicht zustehen[15], nicht aber die bloße Entscheidungsvorbereitung[16].

---

[10] Weitere Vorschriften, die das Gewaltenteilungsprinzip ansprechen, sind Art. 1 Abs.3 und 20 Abs. 3 GG.

[11] So etwa *G. Dürig*, in: Maunz/Dürig, GG, Art. 1 Rn. 100; bzgl. des SVR *Chr. Heinze*, Der Staat Bd. 6 (1967), S. 434.

[12] Zum Begriff vgl. *v. Mangoldt/Klein/Starck*, Art. 1 Rn. 22.

[13] Vgl. *K. Stern*, Staatsrecht I, § 18 II 4 c (S. 605), der von einem Herrschaftssystem spricht, innerhalb dessen „befohlen und gehorcht" werden muß.

[14] BVerfGE 47, S. 253, 273 (Bezirksvertretungen NW). Nicht ganz eindeutig VerfGH NW, DVBl. 1986, S. 1196 (Arbeitnehmer-Mitbestimmung in den Sparkassen NW), der zunächst ganz rigoros konstatiert, es solle keine vom Volk nicht legitimierten Bereiche verwaltender Tätigkeit geben, dann aber unter Bezug auf BVerfGE 47, S. 253, 274 andeutet, „allenfalls 'unwichtige Aufgaben' könnten auszunehmen sein" (DVBl. 1986, S. 1197).

[15] S. oben Teil C. II.2. b).

[16] So ist nach BVerfGE 47, S. 253, 273 die Wahrnehmung von Anhörungs- und Vorschlagsrechten durch Bezirksvertretungen keine unmittelbare Ausübung von Staatsgewalt, solange die Entscheidungsbefugnisse des Gemeinderates dadurch nicht eingeschränkt werden. Ebenso *J. Oebbecke* (Weisungs- und unterrichtungsfreie Räume in der Verwaltung, S. 81f.) in Bezug auf wissenschaftliche Äußerungen; sähe man bereits die Entscheidungsvorbereitung als unmittelbare legitimationsbedürftige Ausübung von Staatsgewalt an, würden die Verantwortlichkeiten der tatsächlichen Entscheidungsträger „verunklart" (*J. Oebbecke*, a.a.O., S. 82). In der Diskussion um die demokratische Legitimation von Kollegialorganen wird bei allen Kontroversen letztlich darauf abgestellt, daß die „Entscheidungen" dieser Organe hinreichend legitimiert sein müssen, vgl. *P.J. Tettinger*, Mitbestimmung in der Sparkasse und verfassungsrechtliches Demokratiegebot, S. 24ff. mwN. Auch *R. Herzog* (in: Th. Maunz/G. Dürig, GG, Art. 20 V, Rn. 41) hält Mischorgane nur solange für unzulässig, wie sie Entscheidungsbefugnisse innehaben.

Im übrigen ist die Theorie einer lückenlosen organisatorischen Aufteilung der Staatsorgane auf die drei Gewalten angesichts der zahlreichen abweichenden Regelungen im Grundgesetz selbst kaum haltbar[17].

Weder die Bundesbank[18] noch der Bundesrechnungshof[19] sind vollständig der Exekutive oder Legislative zuzurechnen. Es bleibt im Hinblick auf den SVR aber die Frage, ob durch einfaches Gesetz ein solches Organ geschaffen werden kann, das sich in den überkommenen Staatsaufbau nicht einordnen läßt. Ein ausnahmsloses Verbot läßt sich dem Grundgesetz jedenfalls nicht entnehmen[20]. Ausnahmen von dem Grundsatz der Zuordnung aller staatlichen Funktionen sind möglich, solange nicht in Rechte eingegriffen wird, die der Legislative, der Exekutive und Judikative durch die Verfassung zugewiesen sind[21].

Das ist aber, wie oben dargelegt[22], nicht der Fall, jedenfalls solange dem SVR keine — zumindest faktischen — Entscheidungsbefugnisse übertragen werden. Im Rahmen der bisherigen Beratungsfunktion beeinträchtigt das SVRG die wirtschaftspolitischen Kompetenzen von Regierung und Parlament nicht. Daraus folgt, daß auch unter dem Gesichtspunkt, das Parlament könnte durch Erlaß des SVRG in den „Kernbereich exekutivischer Eigenverantwortung“[23] der Regierung eingegriffen haben und damit den „Vorbehaltsbereich“ der Verwaltung verletzt haben[24], die Verfassungswidrigkeit des SVRG nicht zu begründen ist. Unabhängig von der Frage, ob und inwieweit ein solcher Vorbehaltsbereich verfassungsrechtlich überhaupt begründbar ist[25], greift das Parlament mit der durch das SVRG der Regierung „aufgezwungenen“ Beratung jedenfalls nicht in den Kernbereich der Eigenverantwortung der Regierung ein[26].

---

[17] Vgl. *E. Vorbrugg*, Unabhängige Organe der Bundesverwaltung, S. 236; *B.-O. Bryde*, S.143 f.; Insgesamt sind die Aussagen des Grundgesetzes zur Stringenz des Gewaltenteilungsgrundsatzes nicht sehr ergiebig; *H. D. Jarass*, Politik und Bürokratie als Elemente der Gewaltenteilung, S. 17f.

[18] Art. 88 GG.

[19] Art. 114 GG.

[20] *K. Hesse*, Rn. 487; *K. Stern*, Staatsrecht II, § 36 IV 4 a (S. 537); vielmehr wird vielfach angenommen, die Staatsleitung stehe Regierung und Parlament „zur gesamten Hand“ zu (*E. Friesenhahn*, VVDStRL Bd. 16, S. 38; ähnlich *W. Mössle*, S. 185 ff.); dann dürften aber auch übergreifende Staatsorgane jedenfalls nicht grundsätzlich unzulässig sein.

[21] Vgl. BVerfGE 9, S. 268, 279ff., 282, das auf die „politische Tragweite“ der übertragenen Aufgaben abstellt; zustimmend *E. Klein*, S. 214; kritisch *F. Klein*, in: v. Mangoldt/Klein, GG, 2. Aufl., Bd. III, vor Art. 83 Anm. III 3, der „gewichtige sachliche Gründe“ ausreichen lassen will; so auch *P. J. Tettinger*, Rechtsanwendung, S. 429; BVerfGE 30, 1, 28 (Schutz des „Kernbereichs“ der jeweiligen Gewalt; so auch *G. Vorbrugg*, S. 240); *K. Stern*, Staatsrecht II, § 36 IV 5 (S. 541) mwN. z. lit.

[22] Teil C. II. 2. b).

[23] BVerfGE 67, S. 100, 139.

[24] Zum „Verwaltungsvorbehalt“ *F. Schnapp*, VVDStRL Bd. 43 (1985), S. 172ff.; *H. Maurer*, VVDStRL Bd. 43, S. 135ff.

[25] Dazu *H. Maurer*, a.a.O., S. 163f.

II. Parlamentarische Verantwortlichkeit der Regierung, Art. 65 GG

Nach Art. 65 Abs. 1 GG ist der Bundeskanzler dem Parlament für die von ihm bestimmten Richtlinien der Politik verantwortlich; entsprechendes gilt nach Satz 2 für die Bundesminister in ihrem Verantwortungsbereich. Daraus wird der Grundsatz der Lückenlosigkeit des Ministerialsystems abgeleitet[27]. Verantwortlich kann ein Minister bzw. der Kanzler aber nur für Handlungen sein, die ihm zurechenbar sind[28], d.h. die seinen Einwirkungsmöglichkeiten unterliegen[29]. Dem sind unabhängige Organe wie der SVR entzogen.

Wenn nun aus Art. 65 GG die ausnahmslose Verantwortlichkeit der Regierung für alles staatliche Handeln, das nicht der Legislative oder der Judikative zugerechnet werden kann, abgeleitet wird[30], so wird der Vorschrift die Funktion zugewiesen, ministerielle Zuständigkeiten zu bestimmen. Damit wäre der Regelungsgehalt des Art. 65 GG weit überdehnt, der die Zuständigkeit der Regierung *voraussetzt*, nicht aber *begründet*[31]. Die von dem Sachverständigenrat wahrgenommenen Aufgaben sind vom SVRG nicht als Regierungsaufgaben ausgestaltet und unterfallen somit nicht dem Regelungsbereich des Art. 65 GG[32]. Wie oben dargelegt[33], handelt es sich auch materiell nicht um Regierungsaufgaben, so daß das SVRG nicht gegen Art. 65 GG verstößt[34].

Soweit die Regierung aus den Gutachten des Rates Schlußfolgerungen zieht und in konkrete Entscheidungen umsetzt, ist sie hierfür selbst unmittelbar nach Art. 65 GG verantwortlich. Die politische Verantwortung für die Beratung wird insofern von dem Beratenen selbst getragen[35].

---

[26] Im Gegenteil wird für das „Beiratswesen" die Geltung des institutionellen Gesetzesvorbehalts postuliert, so *E. Schmidt-Aßmann*, S. 348f., der die „Basis des Gesetzesvorbehalts" in der Verselbständigung von Gremien sieht, die „rechtlich oder faktisch zu Entscheidungsträgern heranwachsen" können.

[27] *H. Loening*, Der ministerialfreie Raum in der Staatsverwaltung, DVBl. 1954, S. 173, 176.

[28] *G. Vorbrugg*, S. 247.

[29] Das ist nur bei einem entsprechenden Fachweisungsrecht der Regierung der Fall, *W. Brohm*, VVDStRL 30, S. 294.

[30] So *H. Loening*, DVBl 1954, S. 176; weitere Nachweise bei *C.P. Fichtmüller*, AöR Bd. 91 (1966), S. 320 Fn. 137.

[31] *G. Vorbrugg*, S. 249f.; *C.P. Fichtmüller*, AöR Bd. 91 (1966), S. 321; *P. Füßlein*, S. 320; *W. Brohm*, VVDStRL 30, S. 294; *J. Oebbecke*, Weisungs- und unterrichtungsfreie Räume in der Verwaltung, S. 95 ff; *E. Friesenhahn*, VVDStRL Bd. 16, S. 40 Fn. 75 (es handele sich um eine „petitio principii").

[32] Politische Verantwortung setzt die Zuständigkeit logisch zwingend voraus, *J. Oebbecke*, a.a.O., S. 100 mwN.

[33] Teil C. II. 2.

[34] *W. Brohm*, in: Festschrift für Forsthoff, S.68.

[35] *E. Klein*, S. 69.

III. Verstoß gegen das demokratische Prinzip, Art. 20 Abs. 2 S. 1 GG?

Sofern man davon ausgeht, daß der SVR Staatsgewalt iSd Art. 20 Abs. 2 S. 1 GG ausübt[36], müßte er über eine demokratische Legitimation verfügen, die *K. Stern*[37] ihm abspricht.

Da das Grundgesetz das demokratische Prinzip in Form einer repräsentativen Demokratie ausgestaltet hat, ist hierfür keine unmittelbare Volkswahl aller Staatsorgane erforderlich; es genügt idR eine mittelbare Legitimation. Sie ist dann gegeben, wenn eine „ununterbrochene Legitimationskette vom Volk zu den mit staatlichen Aufgaben betrauten Organen und Amtswaltern" hergestellt ist[38].

Um parteipolitischen Einfluß auf die Zusammensetzung des Rates auszuschließen, werden seine Mitglieder nicht von parlamentarischen Gremien gewählt, sondern vom Bundespräsidenten auf Vorschlag der Bundesregierung ernannt[39]. Damit erfolgt die Berufung durch demokratisch legitimierte Staatsorgane, so daß die Ratsmitglieder bei ihrer Ernennung über eine ununterbrochene Legitimationskette zum Volk verfügen. Daran ändert auch das Anhörungsrecht der Ratsmitglieder bei Neuberufungen[40] nichts, selbst wenn die Bundesregierung bei Ausübung des Vorschlagsrechts immer dem Ratsvotum folgen sollte. Im Unterschied zu dem in § 6 Abs. 3 S. 1 des Regierungsentwurfs zum SVRG[41] vorgesehenen autonomen Kooptationsverfahren[42] bleiben Bundespräsident und Bundesregierung für die Entscheidung verantwortlich[43]. Neben dieser formalen Legitimation ist die im SVRG vorgesehene Form der wissenschaftlichen Politikberatung kein geeignetes Objekt für eine weitergehende „Demokratisierung", wie Faber sie erwägt[44].

Würde die personelle Zusammensetzung des Rates stärker durch politische Gesichtspunkte bestimmt, hätte dies zur Folge, daß sich der Charakter der Beratung weg von einer unabhängigen wissenschaftlichen hin zu einer interes-

---

[36] Was m.E. abzulehnen ist, s.o. Teil D. II.

[37] In: K. Stern/P. Münch/K.H.Hansmeyer, StabG, § 31 II 3 c (S. 386).

[38] BVerfGE 47, S. 253, 275; dazu *J. Oebbecke*, a.a.O., S. 74f.; vgl. auch VerfGH NW, DVBl. 1986, S. 1196f.; *R. Herzog*, in: Maunz/Dürig, GG Art. 20 Rn. 53.

[39] § 7 Abs. 1 S. 1, Abs. 2 SVRG.

[40] § 7 Abs. 2 S. 3 SVRG.

[41] BT-Dr. IV/540.

[42] Es wurde vom Wirtschaftsausschuß vor allem aus verfassungspolitischen Bedenken abgelehnt, vgl. Bericht des Abgeordneten *Junghans*, zu BT-Dr. IV/1320, S. 2. Eine Selbstergänzung von Staatsorganen wäre unzulässig, *C.P. Fichtmüller*, AöR Bd. 91 (1966), S. 318.

[43] Zur vergleichbaren Lage bei der Ernennung der leitenden Mitarbeiter der deutschen Bundesbank vgl. *J. Oebbecke*, a.a.O., S. 170f.

[44] *H. Faber*, Verwaltungsrecht, § 12 II (S. 76f.).

senorientierten Beratungskonzeption verändern würde, wie sie etwa dem Wirtschaftsratsmodell zugrundeliegt[45].

IV. Unzulässige Einschränkung parlamentarischer Kontrolle?

Die gesetzlich garantierte Unabhängigkeit des Rates könnte parlamentarische Kontrollrechte unzulässig einschränken. So wird die Ansicht vertreten, ministerialfreier Raum sei immer auch parlamentsfreier Raum[46]. Unzulässig ist eine Beschränkung parlamentarischer Kontrolle nur dann, wenn ein verfassungsrechtlich begründeter Grundsatz parlamentarischer Kontrolle aller Staatstätigkeit besteht (1.) und dieser ohne hinreichende normative Grundlage eingeschränkt ist (2.) und (3.).

1. Kontrollbereich des Parlaments

Zwar sind Kontrollrechte dem parlamentarischen Regierungssystem immanent[47]; es fehlt aber an einer generellen Regelung im Grundgesetz (ausdrücklich erwähnt ist diese Parlamentsfunktion lediglich in Art. 45 b. GG), so daß eine lückenlose parlamentarische Kontrolle jeglicher Staatstätigkeit aus dem Grundgesetz selbst nicht abzuleiten ist. Durch das Grundgesetz selbst werden ganze Bereiche staatlicher Tätigkeit von unmittelbarer parlamentarischer Kontrolle ausgeschlossen. Das gilt insbesondere für die Judikative[48], aber auch etwa für den Bundesrechnungshof und die Bundesbank[49]. Umfassende parlamentarische Kontrollrechte sind dem GG dagegen hinsichtlich der Regierungstätigkeit aus Art. 65 GG zu entnehmen[50]; die in den Sätzen 1 und 2 angesprochene Verantwortlichkeit der Mitglieder der Bundesregierung besteht gegenüber dem Bundestag als unmittelbar demokratisch legitimierter Volksvertretung.

---

45 Siehe dazu oben Teil A. III. 1.; so im Ergebnis auch *H. Faber*, a.a.O., S. 77.

46 *E.-W. Böckenförde*, Organisationsgewalt, S. 146; nach *E. Klein*, S. 67, sind beide Begriffe synonym; a.A. *J. Oebbecke*, Weisungs- und unterrichtungsfreie Räume in der Verwaltung, S. 8; *N. Achterberg*, Parlamentsrecht, S. 438.

47 *C.P. Fichtmüller*, AöR Bd. 91 (1966), S. 328; grundlegend *K. Loewenstein*, Verfassungslehre, 2. Aufl. 1969, S. 127ff.; *K. Stern*, Staatsrecht I, § 22 II 5 e (S. 973ff.).

48 Die in Art. 97 Abs. 1 GG garantierte richterliche Unabhängigkeit schützt auch vor Eingriffen der Legislative, BVerfGE 12, S. 67, 71; *R. Herzog*, in: Maunz/Dürig, GG Art. 97 Rn. 22; der Schutzbereich beschränkt sich wegen der Gesetzesbindung der rechtsprechenden Gewalt (Art. 20 Abs. 2 GG) auf Willensakte der Legislativorgane, die keine Rechtsnormqualität entfalten, *R. Wassermann* in: AK-GG, Art. 97 Rn. 41. Dagegen erstreckt sich der Schutz der Unabhängigkeit der Gerichte nicht nur auf die unmittelbare Rechtsprechung; auch bestimmte Verwaltungsfunktionen der Gerichte sind hiervon erfaßt; vgl. *C.P. Fichtmüller*, AöR Bd. 91 (1966), S. 343.

49 Vgl. dazu *W. Krebs*, Kontrolle in staatlichen Entscheidungsprozessen, S. 148.

50 Ausführlich zu den Kontrollbefugnissen des Parlaments gegenüber der Regierung *K. Stern*, Staatsrecht II, § 22 III 3.

2. Einschränkung von Kontrollrechten durch das SVRG

Es stellt sich die Frage, ob die durch die alleinige Bindung der Ratstätigkeit an den gesetzlichen Auftrag begründete unabhängige Stellung über die daraus folgende Weisungsfreiheit hinaus tatsächlich Parlamentsrechte einschränkt. Hierzu sind zunächst die Elemente der Kontrolle zu skizzieren. Sie besteht aus einem Vergleich des „Ist-Zustandes" mit dem „Soll-Zustand"[51] und einem Instrumentarium zur Beeinflussung von staatlichen Entscheidungen, um bei Abweichungen den Ist- mit dem Sollzustand in Einklang zu bringen[52].

Kontrolle erfordert daher umfassende Information über die Tätigkeiten der zu kontrollierenden Stelle. Das SVRG sichert die Zuleitung der Gutachten des Rates an den Bundestag[53]; soweit eine entsprechende Pflicht nicht ausdrücklich normiert ist[54], ergibt sie sich aus dem weiten Adressatenkreis des § 1 Abs. 1 SVRG[55], so daß eine umfassende Information des Parlaments über die Arbeit des Rates gewährleistet ist. Dagegen sind die Ingerenzmöglichkeiten des Parlaments beschränkt; unmittelbare Eingriffe in die Ratstätigkeit durch einfache Parlamentsbeschlüsse werden durch § 3 Abs. 1 SVRG ausgeschlossen. Der Legislative verbleibt aber das gesetzgeberische Instrumentarium: Sie kann durch Gesetzesänderung den Auftrag des Rates enger oder genauer fassen, die Vorschriften über die Berufung und Entlassung der Mitglieder ändern oder auch den Rat insgesamt auflösen. Deshalb ist die Ministerialfreiheit nicht mit parlamentarischer Kontrollfreiheit gleichzusetzen[56]. Der Rat ist zwar der Regierungsverantwortung entzogen, unterliegt aber parlamentarischer Kontrolle, wenn auch mit reduzierter Kontrolldichte[57]. Hier wird die funktionale Abhängigkeit der Kontrolle von den Entscheidungen, auf deren Steuerung sie ausgerichtet ist, deutlich[58]. Eine unmittelbare einzelfallbezogene Steuerung der Ratstätigkeit würde die Beratung wertlos machen; dagegen ist eine abstrakte, den Bedürfnissen des Parlaments entsprechende Zieldefinition in Gesetzesform sinnvoll und widerspricht nicht der Unabhängigkeit der Beratung.

---

[51] Dazu *W. Krebs*, Kontrolle, S. 4ff., 14 ff.; *W. Thieme*, Rn. 497; *J. Oebbecke*, a.a.O., S. 103.

[52] „Macht"-Element im Kontrollbegriff (*W. Krebs*, S. 12), das aber nicht begriffsnotwendig ist, *J. Oebbecke*, S. 99.

[53] § 6 Abs. 1 S. 2 SVRG.

[54] Hinsichtlich der Sondergutachten s.o. Teil C. II. 2.

[55] S.o. Teil B. II. 2.

[56] *W. Krebs*, Kontrolle, S. 147; *C.P. Fichtmüller*, AöR Bd. 91 (1966), S. 330; *J. Oebbecke*, a.a.O., S. 103.

[57] So *N. Achterberg*, Parlamentsrecht, S. 438; dazu *W. Krebs*, Kontrolle, S. 146ff.

[58] *W. Krebs*, Kontrolle, S. 136.

3. Zulässigkeit der Einschränkung von Kontrollrechten

Auf die Beschränkungen parlamentarischer Kontrolle im Grundgesetz selbst wurde bereits hingewiesen; eine Heranziehung dieser staatsorganisationsrechtlichen Vorschriften zur Beurteilung des SVRG verbietet sich allerdings, weil der Rat keine verfassungsrechtlich abgesicherte Stellung innehat.

Einer Beschränkung der parlamentarischen Kontrolle durch „Selbstverzicht" des Parlaments[59] kann nicht zugestimmt werden, weil damit mehrheitlich auf Rechte verzichtet würde, die auch der Minderheit (d.h. der parlamentarischen Opposition) zustehen[60]. Die verfassungsrechtlich festgeschriebenen Kompetenzen der Staatsorgane sind für diese nicht disponibel — jedenfalls nicht aufgrund eines einfachen Gesetzes —, da sonst eine Verfassungsänderung unter Umgehung des Art. 79 GG stattfinden würde[61].

Da es sich bei dem Rat um ein wissenschaftliches Beratungsorgan handelt, kann insoweit der objektiv-rechtliche Gehalt der Grundrechte, insbesondere die Freiheit der Wissenschaft, Forschung und Lehre, Art. 5 Abs. 3 GG[62], hinsichtlich der Ingerenzen auf die parlamentarische Kontrolldichte in die Untersuchung einbezogen werden[63]. Der Regelungsbereich des Grundrechts der Wissenschaftsfreiheit ist nicht auf die Hochschulforschung beschränkt[64], vielmehr wird jeder geschützt, der wissenschaftlich tätig ist[65]. Auch die Erstellung wissenschaftlicher Gutachten kann grundrechtlich geschützte Forschung sein[66]. Die vom Sachverständigenrat geforderten Gutachten sind nach den personellen und inhaltlichen Anforderungen des SVRG[67] als Erträge wissenschaftlicher Forschung zu qualifizieren und unterfallen damit dem Schutz des Art. 5 Abs. 3 GG. Wegen der Bindung aller Staatsgewalt an die Grundrechte, Art. 1 Abs. 3 GG, entfaltet das Grundrecht der Wissenschaftsfreiheit in seiner objektiv-rechtlichen Funktion als wertentscheidende Grundsatznorm auch Wirkungen im Verhältnis des Parlaments zum SVR[68]. Durch die

---

[59] So *E. Klein*, S. 190ff.; dazu *W. Müller*, JuS 1985, S. 504.

[60] *J. Oebbecke*, a.a.O., S. 105.

[61] *C.P. Fichtmüller*, AöR Bd. 91 (1966), S. 329.

[62] Zu Art. 5 Abs. 3 GG als objektiv-rechtliche wertentscheidende Grundsatznorm im Verhältnis Staat — Wissenschaft vgl. BVerfGE 35, S. 79, 112, 114ff.; *M. Oldiges*, NVwZ 1987, S. 741.

[63] Nach *E. Klein*, S. 142, können die Grundrechte ministerialfreie Räume nicht nur zulassen, sondern sogar erforderlich machen.

[64] *I. v. Münch*, GG, Bd. I, Art. 5 Rn. 69.

[65] Vgl. BVerfGE 35, S. 79, 112; zum Begriff der Wissenschaft BVerfG, a.a.O., S. 113; *v. Mangoldt/Klein/Starck*, Art. 5 Rn. 221ff.

[66] *v. Mangoldt/Klein*, GG, Bd. I, 2. Aufl., Art. 5 Anm. X 4 e; dem folgend *R. Scholz*, in: Maunz/Dürig, GG Art. 5 Rn. 98.

[67] S. o. Teil B.

[68] *J. Oebbecke*, a.a.O., S. 82.

weitgehende Sicherung der Forschung vor staatlichen Einwirkungen[69] werden auch die parlamentarischen Kontrollrechte verfassungsimmanent beschränkt[70].

Erhebt man nun die parlamentarische Kontrolle zum ausnahmslosen Prinzip, würde wegen der grundrechtlichen Ingerenzen letztlich die wissenschaftliche Beratung des Parlaments unzulässig. Diese Konsequenz wiederum hätte eine erhebliche Einschränkung der Wirksamkeit parlamentarischer Kontrolle zur Folge, da ein zunehmender Beratungsbedarf angesichts wachsender Komplexität technischer und — daraus folgend — sozialer Entwicklungsprozesse nicht zu übersehen ist[71].

Mißt man dem Grundsatz parlamentarischer Kontrolle als Wesenselement des parlamentarischen Regierungssystems nicht nur formale Bedeutung zu, sondern räumt der größtmöglichen Effektivität Priorität ein, so ist die Einschränkung der Kontrolldichte hinsichtlich der wissenschaftlichen Politikberatung im Interesse der hierdurch ermöglichten wirksameren Kontrolle der Regierung hinzunehmen[72]. Das trifft auch auf den Sachverständigenrat zu, der selbst als ein das Parlament unterstützendes Organ mit Kontrollfunktionen angesehen werden kann[73], wenn etwa die Gutachten durch die Pflicht der Regierung zur Stellungnahme[74] zur Meßlatte der Regierungspolitik werden, so daß hierdurch die Effektivität der parlamentarischen Kontrolle gegenüber der Regierung erhöht wird.

Da im übrigen der SVR nicht vom Prinzip der parlamentarischen Verantwortlichkeit der Regierung, Art. 65 S. 1 und 2 GG, erfaßt wird, weil er dieser Staatsgewalt nicht insgesamt zuzuordnen ist, und für alle anderen Bereiche staatlicher Tätigkeit kein Verfassungsgrundsatz lückenloser parlamentarischer Kontrolle nachweisbar ist[75], wird man die unabhängige Stellung des Rates als zulässig ansehen müssen[76].

---

[69] BVerfGE 35, S. 79, 112.

[70] Der in dem als Begrenzung der Grundrechte entwickelten Gedanken der „praktischen Konkordanz" (*K. Hesse*, Rn. 317ff.) zum Ausdruck kommende Grundsatz der Einheit der Verfassung (dazu BVerfGE 55, S. 274, 300; *K. Stern*, Staatsrecht, Bd. II, § 1 II 1, § 4 III 8 mwN.) führt umgekehrt auch zu einer Begrenzung staatsorganisatorisch begründeter Parlamentsrechte durch die Grundrechte; sie bilden insofern „negative Kompetenznormen" (*B. Pieroth/B. Schlink*, Grundrechte, Rn. 90).

[71] Vgl. nur die Diskussion um die Einrichtung einer Beratungskapazität für Technikfolgen -Abschätzung und -Bewertung; Bericht der hierzu eingerichteten Enquete-Kommission des Deutschen Bundestages, BT-Dr. 10/5844; vgl. dazu *V. v. Thienen*, ZfParl 1986, S. 548ff.; *J. Bugl*, UPR 1986, S. 401 begründet entsprechende Vorschläge damit, daß der Bundestag seinen Kontrollauftrag nur noch unzureichend wahrnehmen kann.

[72] *B.-O. Bryde*, S. 141.

[73] *G.F. Schuppert*, S. 356; *H.H. v. Arnim*, DÖV 1982, S. 923f.; *W. Thieme*, Rn. 495.

[74] § 6 Abs. 1 S. 3 SVRG.

[75] S.o. Teil D. IV. 1.

[76] *G. F. Schuppert*, S. 354ff.; *H.H. v. Arnim*, Die Deutsche Bundesbank — Pfeiler der Demokratie, S. 5.

4. Zusammenfassung

Die Errichtung des SVR als gemeinsames Beratungsgremium zweier Staatsgewalten ist mit dem Grundgesetz vereinbar[77].

Auch die gesetzlich garantierte Weisungsunabhängigkeit („ministerialfreier Raum") verstößt weder gegen geschriebene noch gegen ungeschriebene Verfassungsrechtssätze, sondern ist ihrerseits durch Art. 5 Abs. 3 GG und den Grundsatz effektiver parlamentarischer Kontrolle verfassungsrechtlich gerechtfertigt[78].

---

[77] So im Ergebnis auch *W. Brohm*, in: Handbuch des Staatsrechts Bd. II, S. 227.

[78] Zu diesem Erfordernis vgl. *R. Wendt*, NWVBl 1987, S. 38.

E. Rechtliche Kontrolle der Ratstätigkeit

Die in Teil D. behandelte parlamentarische Kontrolle der Ratstätigkeit ist in den Bereich der politischen Kontrolle einzuordnen[1]. Die unabhängige Stellung des Rates schließt eine rechtliche Kontrolle seiner Tätigkeit nicht aus. Maßstab einer solchen Rechtskontrolle ist das SVRG, an dessen Auftrag der Rat allein gebunden ist[2]. Das SVRG enthält keine Regelungen darüber, ob eine Kontrolle stattfindet, wer sie gegebenenfalls ausübt und welche Sanktionen die Einhaltung des SVRG erzwingen könnten, so daß zu untersuchen ist, ob aus allgemeinen Grundsätzen Regeln über eine Kontrolle des Sachverständigenrates herzuleiten sind.

I. Rechtsaufsicht

Eine Form der Kontrolle ist die Aufsicht. Sie ist denkbar als verwaltungsinterne Kontrolle[3], als staatliche Kontrolle über private Rechtssubjekte[4] oder auch als Kontrolle selbständiger staatlicher Instanzen, etwa in Form der Bundesaufsicht über die Länder nach Art. 84 Abs. 3 und 4 GG[5] oder der Kommunalaufsicht[6].

Gemeinsames Merkmal aller Aufsichtsformen ist ein Über-/Unterordnungsverhältnis zwischen aufsichtsführender und aufsichtsunterworfener Stelle[7]; darüber hinaus besteht regelmäßig eine gesetzliche Ermächtigungsgrundlage.

Wie bereits dargelegt, ist der Sachverständigenrat keiner Hierarchie eingegliedert, sondern anderen Staatsorganen gleichgeordnet. Auch wenn man ihn wegen seiner bloßen Unterstützungsfunktion den zu beratenden Verfassungsorganen unterordnen würde, ließe sich ohne entsprechende gesetzliche Regelung eine Staatsaufsicht kaum begründen: Da der Rat weder dem Parlament noch der

---

[1] *W. Thieme*, Verwaltungslehre, Rn. 531.

[2] § 3 Abs. 1 SVRG.

[3] Z.B. die Dienst- und Fachaufsicht.

[4] Z.B. die verschiedenen Ausprägungen der Wirtschaftsaufsicht; dazu *P.J. Tettinger*, Rechtsanwendung, S. 253ff.

[5] Zum Begriff *P. Lerche*, in: Maunz/Dürig, GG Art. 84 Rn. 124f.

[6] Zum Ganzen *H.J. Wolff*, in: Wolff/Bachof, Bd. II § 77 II; *M. Schröder*, Grundfragen der Aufsicht in der öffentlichen Verwaltung, JuS 1986, S. 371ff.

[7] *M. Schröder*, JuS 1986, S. 371; *W. Krebs*, Kontrolle, S. 8; *K. Berendes*, Die Staatsaufsicht über den Rundfunk, 1973, S. 25; *J. Oebbecke*, S. 9; nach *R. Wendt*, NWVBL 1987, S. 37, ist die Staatsaufsicht notwendiger Ausdruck des „hierarchischen Prinzips" innerhalb der Verwaltung.

Regierung vollständig zuzurechnen ist, müßte eine Entscheidung über die Aufsichtskompetenz getroffen werden.

Mangels gesetzlicher Regelung und wegen fehlender hierarchischer Unterordnung unter ein anderes staatliches Organ ist der Sachverständigenrat keiner staatlichen Aufsicht unterworfen.

Für die Bundesbank wird aus dem Demokratiestaatsprinzip des Grundgesetzes gefolgert, wenigstens eine staatliche Rechtsaufsicht sei verfassungsrechtlich geboten[8]. Dies ist aber solange nicht zwingend, wie andere Formen, wie insbesondere die gerichtliche Kontrolle, nicht ausgeschlossen sind. Im übrigen kann hier auf die Überlegungen verwiesen werden, die auch die Zulässigkeit des „ministerialfreien Raumes" begründen[9]. Soweit dieser mit dem Grundgesetz vereinbar ist, kann der Gesetzgeber auch auf eine Normierung der Aufsicht verzichten, um ein Einzelweisungsrecht über die Hintertür der Rechtsaufsicht zu verhindern, solange die Justitiabilität getroffener Entscheidungen nicht grundsätzlich ausgeschlossen ist[10].

II. Gerichtliche Kontrolle

Denkbar ist auch eine Kontrolle der Ratstätigkeit durch die Organe der rechtsprechenden Gewalt. Als Kläger kämen die Staatsorgane in Frage, deren Rechte durch Verstöße gegen das SVRG verletzt sein können, insbesondere also die Bundesregierung und der Bundestag.

1. Kontrolle durch das Bundesverfassungsgericht

Der Rechtsweg zum Bundesverfassungsgericht ist nur für die im GG und im BVerfGG erwähnten Fälle eröffnet; eine Generalklausel besteht nicht[11]. Die einzige in Betracht kommende Verfahrensart ist das Organstreitverfahren nach Art. 93 Abs. 1 S. 1 GG. Antragsteller könnten hier sowohl die Bundesregierung als auch der Bundestag sein. Da sich der Kreis der möglichen Antragsteller und -gegner decken[12], wäre der Sachverständigenrat als oberstes Bundesorgan[13] nur

---

[8] So AK-GG/H. Faber, Art. 88 Rn. 15; ähnlich *R. Wendt*, NWVBL 1987, S. 38, der die Staatsaufsicht als ein „grundsätzlich unverzichtbares Instrument der Integration und Sicherung der Staatseinheit" ansieht.

[9] S.o. Teil D.; *M. Oldiges*, NVwZ 1987, S. 741.

[10] So *E. Klein*, S. 214 mwN. in Fn. 47; dagegen kritisch *J. Oebbecke*, S. 133ff. Die gerichtliche Klage gegen unabhängige Verwaltungsentscheidungen eines Organs durch die Verwaltungsbehörde selbst ist z.T. sogar ausdrücklich zugelassen, vgl. § 35 Abs. 2 WPflG (dazu BVerwGE 7, S. 66, 73); „Aufsichtsklage", § 15 Abs. 1 SaarlAGVwGO; weitere Nachweise bei *E. Klein*, S. 52ff. und *M. Roller*, S. 157ff.

[11] „Enumerationsprinzip", *K. Schlaich*, Das Bundesverfassungsgericht, 1985, S. 43.

[12] *Chr. Pestalozza*, Verfassungsprozeßrecht, S. 61.

[13] S.o. Teil C. II. 2.

dann im Organstreitverfahren parteifähig, wenn er durch das Grundgesetz oder die Geschäftsordnung eines obersten Bundesorgans mit eigenen Rechten ausgestattet wäre, was jedoch nicht der Fall ist[14]. Eine Zuständigkeit des Bundesverfassungsungsgerichts zur Kontrolle der Ratstätigkeit ist damit nicht gegeben.

2. Verwaltungsgerichtliche Kontrolle

Nach der Generalklausel des § 40 VwGO ist der Verwaltungsrechtsweg für öffentlich-rechtliche Streitigkeiten nichtverfassungsrechtlicher Art eröffnet. Hinsichtlich einer „Aufsichtsklage"[15] gegenüber dem Sachverständigenrat ist hierbei zum einen die Abgrenzung zur verfassungsrechtlichen Streitigkeit problematisch, zum anderen vor allem die Frage, inwieweit auch Streitigkeiten zwischen Organen derselben öffentlich-rechtlichen Körperschaft, sogenannte „Innenrechtsstreitigkeiten"[16] bzw. Organstreitigkeiten, vor den Verwaltungsgerichten zulässig sind.

a) Öffentlich-rechtliche Streitigkeit

Ohne die gesamte Diskussion um den Innenrechtsstreit nachzuzeichnen[17] kann festgehalten werden, daß die Rechtsqualität von Innenrechtsnormen heute unbestritten ist. Daß es sich bei Konflikten zwischen Organen desselben Rechtsträgers auch um *Streitigkeiten* im Sinn des § 40 VwGO handelt, dürfte ebenfalls nicht mehr zu bezweifeln sein. Zwar mag dem Gesetzgeber bei Erlaß der VwGO als Regelfall der Streitigkeit ein Streit zwischen Personen mit Außenrechtssubjektivität vorgeschwebt haben[18]; das Prinzip der bloßen Partei-

---

[14] Die Geschäftsordnung, die der Rat sich nach § 8 Abs. 2 SVRG selbst gegeben hat, regelt lediglich das interne Verfahren des Rates, nicht aber „eigene" Rechte gegenüber anderen Bundesorganen. Eine solche Rechtssetzung wäre auch von der Ermächtigung des § 8 Abs. 3 SVRG nicht umfaßt, da sie bereits nach ihrem Wortlaut (der Rat gibt *sich* eine Geschäftsordnung) nur interne Regelungen zuläßt. Dieses Ergebnis wird durch den Wortlaut des § 63 BVerfGG klargestellt, der die Einräumung einklagbarer Organrechte auf die Geschäftsordnungen des Bundestages und des Bundesrates beschränkt.

[15] Ausdrücklich normiert ist die Aufsichtsklage z.B. in § 15 Abs. 1 saarl. AGVwGO; weitere Nachweise bei *F. Kopp*, § 42 Rn. 104; *K. Redeker/H.J. v. Oertzen*, § 42 Rn. 22. siehe auch oben Fn. 10.

[16] Dazu letztens *H.-U. Erichsen*, Der Innenrechtsstreit, in: Festschrift für Menger, S. 211ff. mwN.

[17] Vgl. etwa *H.-U. Erichsen*, Der Innenrechtsstreit, S. 211ff.; *G. Kisker*, Insichprozeß und Einheit der Verwaltung, 1968; *D. Tsatsos*, Der verwaltungsgerichtliche Organstreit, 1969; *W. Krebs*, Grundfragen des verwaltungsgerichtlichen Organstreits, Jura 1981, S. 569ff.; *D. Lorenz*, Zur Problematik des verwaltungsgerichtlichen Insichprozesses, AöR Bd. 93 (1968), S. 308ff.; *W. Hoppe*, Organstreitigkeiten vor den Verwaltungs- und Sozialgerichten, 1970; *H.-J. Papier*, Die verwaltungsgerichtliche Organklage, DÖV 1980, S. 292ff.; *F. Schoch*, Der Kommunalverfassungsstreit im System des verwaltungsgerichtlichen Rechtsschutzes, JuS 1987, S. 783ff.

[18] Vgl. *W. Hoppe*, Organstreitigkeiten, S. 49f.

streitigkeiten ist aber in der VwGO, wie § 47 beweist, nicht durchgehalten[19]. Darüber hinaus war bereits vor Inkrafttreten der VwGO die Zulässigkeit von Innenrechtsstreitigkeiten von der Rechtsprechung anerkannt[20]. Da der Gesetzgeber diese nicht durch Legaldefinition ausgeschlossen hat, sondern auf die Begriffe der der VwGO vorausgehenden Rechtsvorschriften zurückgegriffen hat[21], ist der Begriff der Rechtsstreitigkeit auch bei historischer Auslegung auf „Innenrechtsstreitigkeiten" zu erstrecken[22]. Damit sind Streitigkeiten zwischen obersten Bundesorganen und dem Sachverständigenrat als öffentlich-rechtliche Streitigkeiten iSd § 40 Abs. 1 VwGO zu qualifizieren[23].

b) Streitigkeit nichtverfassungsrechtlicher Art

Daß eine Zuständigkeit des Bundesverfassungsgerichts nicht gegeben ist[24], schließt wegen des Enumerationsprinzips der verfassungsgerichtlichen Zuständigkeiten nicht aus, daß materiellrechtlich eine verfassungsrechtliche Streitigkeit anzunehmen ist. Eine solche liegt dann vor, wenn Verfassungsorgane bzw. deren Teile um materielles Verfassungsrecht streiten[25], d.h. „die Auslegung und Anwendung der Verfassung den Kern des Rechtsstreits bildet"[26]. Bezogen auf eine gerichtliche Kontrolle des Rates ist zwar die Bundesregierung als potentieller Kläger, nicht aber der Sachverständigenrat, ein Verfassungsorgan[27]. Kontrollmaßstab der Ratstätigkeit wäre auch nicht die Verfassung, sondern das SVRG als einfaches Gesetzesrecht[28], so daß keine verfassungsrechtliche Streitigkeit im materiellen Sinne gegeben wäre[29].

Auch der Aspekt, daß der Rat durch seine gutachtliche Tätigkeit verfassungsrechtlich relevantes Handeln von Verfassungsorganen, Regierung und Parlament vorbereitet, führt zu keiner anderen Bewertung, da es dem Rat jedenfalls an der *unmittelbaren* Teilhabe am Verfassungsleben fehlt[30].

---

[19] Vgl. auch *H.-J. Papier*, DÖV 1980, S. 292, 294; *F. Schoch*, JuS 1987, S. 785.

[20] Vgl. die Nachweise bei *W. Henrichs*, Kommunalverfassungsstreitverfahren vor den Verwaltungsgerichten, DVBl. 1959, S. 548, 549ff.; *D. Tsatsos*, S. 14 Fn. 9.

[21] Vgl. *C.-H. Ule*, Verwaltungsgerichtsbarkeit, 2. Aufl. 1962, § 40 Anm. I. und II.

[22] *H.-U. Erichsen*, Der Innenrechtsstreit, S. 220 mwN.

[23] *H. Bethge*, DV Bd. 8 (1975), S. 469; Schiedsgerichtsurteil, DÖV 1973, S. 853; zust. *R. Scholz*, DÖV 1973, S. 845; vgl. auch *M. Goessl*, Organstreitigkeiten innerhalb des Bundes, S. 115f.; *W. Tilmann*, Wirtschaftsrecht, S. 169 bez. Bundesbank.

[24] S.o. Teil E. II. 1.

[25] Daß dies in Bezug auf den SVR der Fall sein könnte, deutet *H.-U. Erichsen*, VerwArch. Bd. 65 (1974), S. 315 an, allerdings ohne dies näher zu begründen.

[26] *F. Kopp*, VwGO, 7. Aufl. 1986, § 40 Rn. 32 mwN.; allg. A.

[27] S.o. Teil C. II. 2.

[28] a.A. *G. Dietzel*, Wissenschaft und staatliche Entscheidungsplanung, S. 216, der das SVRG zur Verfassung im materiellen Sinne rechnet; dazu oben Teil C. II. 2.

[29] Vgl. auch *W. Tilmann*, Wirtschaftsrecht, 1986, S. 169 zu Streitigkeiten zwischen Bundesregierung und Bundesbank.

c) Die „Wehrfähigkeit"[31] von Innenrechtspositionen

Weil es an einer Rechtsnorm fehlt, die in Abweichung von § 42 Abs. 2 VwGO eine objektive Rechtskontrolle zuläßt, ohne daß der Kläger geltend machen muß, in seinen eigenen Rechten verletzt zu sein, wie z.B. § 15 Abs. 1 saarl. AGVwGO, ist eine Ratskontrolle durch Verwaltungsgerichte nur dann zulässig, wenn Bundesorgane durch Rechtsnormen eine wehrfähige, d.h. gerichtlich durchsetzbare Rechtsposition eingeräumt bekommen haben. Dies ist keine Frage der Beteiligungsfähigkeit[32], da diese als Rechtsfigur des Prozeßrechts der materiell-rechtlichen Rechtsfähigkeit und -trägerschaft folgt[33] und nicht umgekehrt. Die Grundlage für die Zulässigkeit des „Insichprozesses" ist aber im materiellen Recht zu verorten[34].

Regelmäßig tritt eine juristische Person im Rechtsverkehr nach außen als Einheit auf, so daß Prozesse innerhalb derselben Körperschaft als „Insichprozesse"[35] bezeichnet werden können. Da Interessengegensätze innerhalb einer juristischen Person zunächst als nicht systemkonform erscheinen, ist die Wehrfähigkeit der als verletzt gerügten Innenrechtspositionen jeweils im einzelnen zu begründen[36].

Wenn Organe Zurechnungsendsubjekt innenrechtlicher Rechtssätze sind, muß ihnen jedenfalls insoweit als Träger rechtlicher Pflichten eine (Teil-) Rechtsfähigkeit zuerkannt werden[37].

Diesen Pflichten korrespondieren entsprechende „wehrfähige" Rechte, wenn die verpflichtenden Rechtssätze den Organen eine den subjektiv-öffentlichen Rechten des Außenrechts entsprechende Rechtsstellung einräumen, ihre Kompetenzwahrnehmung im Störungsfall auch anderen Organen gegenüber durch-

---

[30] Vgl. OVG Münster, NJW 1980, S. 137 mwN. zum Prüfungsbericht des Landesrechnungshofs; dazu krit. *W. Krebs*, VerwArch. Bd. 71 (1980), S. 77ff.

[31] So die treffende Begriffswahl von *H.-U. Erichsen*, Der Innenrechtsstreit, S. 225.

[32] So aber wohl *H.-U. Erichsen*, Der Innenrechtsstreit, S. 221ff.; *F. Schoch*, JuS 1987, S. 785ff.

[33] Vgl. *K.-P. Dolde*, Die Beteiligungsfähigkeit im Verwaltungsprozeß (§ 61 VwGO), in: Festschrift für Menger, S. 423, 436.

[34] *D. Lorenz*, AöR Bd. 93 (1968), S. 308, 313.

[35] So etwa *G. Kisker*, a.a.O.

[36] Zum „organisationstheoretisch fundierten funktionalen Ansatz" zur Ermittlung der Wehrfähigkeit von Rechtspositionen *G. F. Schuppert*, DÖV 1987, S. 767; der Organstreit ist im übrigen nicht nur ein Problem öffentlich-rechtlicher Körperschaften; für juristische Personen des Privatrechts wird die Möglichkeit der Organklage ebenfalls diskutiert, auch soweit sie nicht ausdrücklich gesetzlich zugelassen ist, vgl. *P. Hommelhoff*, Der aktienrechtliche Organstreit, ZHR 1979, S. 288ff.; *Karsten Schmidt*, Gesellschaftsrecht, 1986, S. 314ff.

[37] *W. Krebs*, Jura 1981, S. 574; zur Relativität der Rechtssubjektivität vgl. *D. Lorenz*, AöR Bd. 93 (1968), S. 308, 316ff.; Schiedsgerichtsurteil, DÖV 1973, S. 854; *H. Bethge*, DV Bd. 8 (1975), S. 475; *H.H. Rupp*, Grundfragen, S. 82f. spricht von „punktueller Rechtsfähigkeit".

zusetzen. Ob der Begriff des subjektiv-öffentlichen Rechts, der im Bereich der Außenrechtsbeziehungen entwickelt worden ist, auch im Rahmen der Rechtsbeziehungen des Innenrechts Verwendung finden kann, ist höchst umstritten[38].

Geht man von der Definition *Bachofs* aus, „objektivrechtlich gewährte und gewollte Begünstigungen des öffentlichen Rechts seien unter der Verfassungsordnung des GG subjektiv-öffentliche Rechte"[39], stellt sich die Frage, ob die Zuweisung von Wahrnehmungszuständigkeiten als „gewollte Begünstigungen" zu werten sind. *Bachof* selbst bezieht dieses Merkmal auf die Rechtsstellung von natürlichen Personen[40] und leitet das aus dem Menschenbild des Grundgesetzes ab. Hiervon ausgehend wird konstatiert, im innerorganisatorischen Bereich könne es keine subjektiv-öffentlichen Rechte geben[41]. Dieser Ansicht ist zuzugeben, daß der Grund für die Einräumung subjektiver Rechte differiert: während die Freiheitsrechte natürlicher Personen zu deren Selbstverwirklichung, letztlich um ihrer selbst willen bestehen, haben Organrechte instrumentalen Charakter; sie dienen zur „Hervorbringung des Staatswillens"[42].

Andererseits ist nicht zu bestreiten, daß Organe Rechte innehaben können: dies ergibt sich bereits aus dem Wortlaut des Art. 93 Abs. 1 Nr. 1 GG[43]. Letztlich ist es für die Klagemöglichkeit nicht entscheidend, *warum* die Wehrfähigkeit eingeräumt wird, sondern *daß* sie eingeräumt wird. Soll der Begriff des „subjektiv-öffentlichen Rechts" dazu dienen, die Wehrfähigkeit einer einem Rechtssubjekt eingeräumten Rechtsstellung zu kennzeichnen, können hierunter sowohl Individual- als auch Organrechte subsumiert werden[44].

Damit ist zwar geklärt, *daß* Organkompetenzen subjektiv-öffentliche Rechte sein können, die entscheidende Frage, *wann* der Gesetzeszweck die Wehrfähigkeit einer einem Organ zugewiesenen Kompetenz erfordert, ist aber noch nicht beantwortet. Hier wird der grundlegende Unterschied zwischen persönlichen Rechten und Organkompetenzen deutlich: Während die Rechte natürlicher Personen aufgrund der Grundrechtsordnung und insbesondere Art. 19 Abs. 4 GG prinzipiell wehrfähig sind, ist dies für Organkompetenzen nur bei Vorliegen besonderer Umstände zu bejahen[45].

---

[38] Bejahend *F. Schnapp*, VerwArch Bd. 78 (1987), S. 418ff., 426; *D. Lorenz*, in: Festschrift für das Bundesverfassungsgericht, Bd. 1, S. 238; ablehnend *W. Krebs*, in: Festschrift für Menger, S. 209; *W. Hoppe*, NJW 1980, S. 1019.

[39] *O. Bachof*, Reflexwirkungen ..., S. 287.

[40] A.a.O., S. 301.

[41] *W. Krebs*, in: Festschrift für Menger, S. 209; *E.-W. Böckenförde*, in: Festschrift für Wolff, S. 303.

[42] *J. Burmeister*, S. 52; *R. Wendt*, NWVBL 1987, S. 35; *H. Bethge*, DV Bd. 8 (1975), S. 465; *D. Lorenz*, in: Festschrift für das Bundesverfassungsgericht, Bd. I, S. 238.

[43] *D. Lorenz*, in: Festschrift für das Bundesverfassungsgericht, Bd. I, S. 237 mwN. in Fn. 69; kritisch *J. Burmeister*, S. 47f.

[44] Dazu ausführlich *F. Schnapp*, VerwArch Bd. 78 (1987), S. 418ff., 426; *D. Lorenz*, in: Festschrift für das Bundesverfassungsgericht, Bd. I, S. 238; *H. Bethge*, DV Bd. 8 (1975), S. 465; *ders.*, DVBl. 1980, S. 312.

An einer generalisierbaren Methode zur Ermittlung subjektivierbarer Organkompetenzen fehlt es bislang[46].

In Rechtsprechung und Literatur anerkannt ist der Organstreit als Ausnahme vom „Grundsatz der Einheit der Verwaltung“[47] vor allem im Kommunalrecht[48], aber auch im Hochschulbereich[49] und bei öffentlich-rechtlichen Rundfunkanstalten[50].

In diesen Fällen wird den Organen, die z.T. nach bestimmten, Außeninteressen Rechnung tragenden Kriterien (entweder durch Wahl, wie etwa bei Gemeinderäten oder durch Repräsentation bestimmter „gesellschaftlich relevanter Gruppen“, z.B. in den Rundfunkräten) zusammengesetzt sind, die Funktion zugewiesen, durch Einbringung eines eigenen partikularen Interesses zur Willensbildung der Gesamtorganisation beizutragen[51]. Diese „quasi-subjektiven“ Partikularinteressen sind aufgrund der ihnen innewohnenden Zweckrichtung gegenüber anderen Organen einer Organisation wehrfähig. Die hierzu entwickelten Überlegungen sind auf die obersten Bundesorgane, jedenfalls soweit sie durch Art. 93 Abs. 1 Nr. 1 GG erfaßt sind, übertragbar. Auch diese haben, z.T. durch den Gewaltenteilungsgrundsatz geboten, die Funktion von „Kontrastorganen“[52], die durch Wahrnehmung unterschiedlicher Interessen zur Bildung eines ausbalancierten einheitlichen Willens der Körperschaft beitragen[53].

Auf die „Wehrfähigkeit“ dieser Funktionen deutet auch Art. 93 Abs. 1 Nr. 1 GG hin[54], dem eine doppelte Bedeutung zukommt: Neben der prozeßrechtlichen Funktion der Rechtswegeröffnung zum Bundesverfassungsgericht[55] indiziert diese Vorschrift auch materiell-rechtlich die Wehrfähigkeit der Kompetenzen der dort genannten Organe[56]. Sind Organkompetenzen aber materiell-rechtlich als subjektive Organrechte ausgestaltet, müssen sie konsequenterweise auch vor den Verwaltungsgerichten durchsetzbar sein.

---

[45] *J. Burmeister*, S. 54f. mit Fn. 31.

[46] *F. Schoch*, JuS 1987, S. 791.

[47] So *G. Kisker*, Insichprozeß, S. 9.

[48] Dazu *R. Bleutge*, Der Kommunalverfassungsstreit, 1970.

[49] *E.-W. Fuß*, Verwaltungsgerichtliche Streitigkeiten im Universitäts-Innenbereich, WissR Bd. 5 (1972), S. 97ff.

[50] *K. Stern/H. Bethge*, S. 82ff.; *W. Krebs*, Jura 1981, S. 569, 571 mwN.

[51] *G. Kisker*, Insichprozeß, S. 37; *D. Tsatsos*, S. 30, spricht von der „Dialektik körperschaftsinterner Interessen“.

[52] *G. Kisker*, Insichprozeß, S. 38ff.

[53] *F. Schoch*, JuS 1987, S. 786.

[54] *G. Kisker*, Insichprozeß, S. 40.

[55] *D. Lorenz*, in: Festschrift für das Bundesverfassungsgericht, Bd. I, S. 225, 235.

[56] *K. Stern*, in: BK, Art. 93 Rn. 74, spricht von der „Subjektivierung der Organkompetenzen“; vgl. bereits BVerfGE 2, S. 143, 152; dazu *K. Schlaich*, Das Bundesverfassungsgericht, S. 45; *M. Goessl*, Organstreitigkeiten innerhalb des Bundes, S. 54ff. mwN.

Ob dies auch für die Rechtsstellung des SVR und die Durchsetzung seiner Kompetenzen gegenüber anderen Staatsorganen gilt, ist an dieser Stelle nicht zu untersuchen; im Rahmen einer Aufsichtsklage wäre er lediglich Beklagter. Dafür ist aber eine „Pflichtensubjektivität" ausreichend[57].

Als Ergebnis bleibt festzuhalten, daß jedenfalls Bundestag und Bundesregierung ihre Organkompetenzen im Wege einer „Aufsichtsklage" vor den Verwaltungsgerichten gegenüber dem Sachverständigenrat durchsetzen können[58].

d) Rechtsschutzform

Nach mittlerweile ganz überwiegender Ansicht sind auch auf Organstreitigkeiten grundsätzlich die Klagearten der VwGO anwendbar[59]. Anfechtungs- und Verpflichtungsklage kommen hierbei nicht in Betracht, da innerhalb derselben Körperschaft keine Rechtsakte mit Außenwirkung erlassen werden; im übrigen fehlt dem SVR mangels Entscheidungskompetenzen generell die Befugnis, Verwaltungsakte zu erlassen. In Frage kommende Rechtsschutzformen für eine Aufsichtsklage sind deshalb die allgemeine Leistungsklage[60] und die Feststellungsklage[61]. Die Frage, ob daneben auch noch die Zulassung einer „anderen Gestaltungsklage" mit kassatorischer Wirkung erforderlich ist[62], stellt sich in bezug auf den Sachverständigenrat nicht, weil dieser keine Rechtsakte erläßt.

e) Klagebefugnis

Ist grundsätzlich die Wehrfähigkeit von Innenrechtspositionen anderer Bundesorgane gegenüber Handlungen des Rates zu bejahen[63], so stellt sich die

---

[57] *H.-U. Erichsen*, Der Innenrechtsstreit, S. 225; vgl. auch *H.H. Rupp*, S. 83; a.A. *F. Schnapp*, VerwArch Bd. 78 (1987), S. 453.

[58] Wobei sich die gerichtliche Kontrolle auf die Überprüfung der Verletzung der Organrechte des klagenden Organs beschränkt; eine vollständige Kontrolle der (objektiven) Rechtmäßigkeit des Handelns des SVR wird damit nicht erreicht, *G. Püttner*, S. 136; *D. Lorenz*, in: Festschrift für das Bundesverfassungsgericht, Bd. I, S. 240; für eine weitergehende richterliche Kontrolle wäre eine gesetzliche Regelung erforderlich; vgl. auch *W. Krebs*, Kontrolle, S. 60, 62f.

[59] Vgl. nur *F. Kopp*, VwGO, vor § 40 Rn. 6 mwN.; auch das OVG Münster hat seine Ansicht, es handele sich um eine in der VwGO nicht geregelte Klageart eigener Art (so noch OVGE 27, S. 258, 260), aufgegeben (OVGE 36, S. 154, 155); dazu *W. Fehrmann*, Kommunalverwaltung und Verwaltungsgerichtsbarkeit, DVBl. 1983, S. 311, 314; *F. Schoch*, JuS 1987, S. 787 ff.; *B. Preusche*, NVwZ 1987, S. 854ff.

[60] So etwa OVGNW, OVGE 36, S. 154, 155.

[61] *H.-J. Papier*, DVBl 1980, S. 292, 298; *H.-U. Erichsen* (Der Innenrechtsstreit, S. 230f.) hält diese Klagearten wegen des Zuschnitts der VwGO auf Außenrechtsbeziehungen nicht unmittelbar, aber rechtsfortbildend für anwendbar.

[62] So insbesondere der BayVGH, VRspr Bd. 28 (1978), S. 460; *H.-U. Erichsen*, der Innenrechtsstreit, S. 232; ablehnend *H.J. Papier*, Die verwaltungsgerichtliche Organklage, DÖV 1980, S. 292, 299; *W. Fehrmann*, DÖV 1983, S. 311, 314.

[63] S.o. Teil E. II. 2. c).

Frage, ob in jedem einzelnen Falle einer Klage eines Bundesorgans dieses jeweils geltend machen und darlegen muß, daß es durch die beanstandete Handlung konkret in seinen Organrechten verletzt ist[64] oder ob die Behauptung der objektiven Rechtswidrigkeit des Organhandelns ausreicht[65]. Letzteres wird mit der Begründung vertreten, daß die Organe Allgemeininteressen wahrnähmen und deshalb eine objektive Rechtskontrolle unter Weglassung subjektiver Komponenten angemessen sei[66]. Dem ist entgegenzuhalten, daß die ausnahmsweise Zulässigkeit von Innenrechtsstreitigkeiten mit der „Subjektivierung der Organkompetenzen“[67] begründet wird und deshalb auch die Verletzung der „subjektiven“ Rechtsstellung des Organs im Einzelfall möglich erscheinen muß[68].

f) Beteiligungsfähigkeit

Die Beteiligungsfähigkeit von Organen im Organstreitverfahren wird z.T. auf der Grundlage des § 61 Nr. 2 VwGO bejaht[69]. Eine unmittelbare Anwendung dieser Vorschrift verbietet sich zwar, weil sie auf das Außenrechtsverhältnis zugeschnitten ist und Organe nicht als „Vereinigungen“ angesehen werden können[70]; da die Funktion des § 61 VwGO als prozeßrechtliche Vorschrift jedoch darin besteht, der materiell-rechtlichen (Teil-) Rechtsfähigkeit eine prozeßrechtliche Entsprechung zu verschaffen[71], ist § 61 Nr. 2 VwGO entsprechend anzuwenden[72]. Die methodischen Bedenken von *H.-U. Erichsen*, der an

---

[64] Vgl. *R. Bleutge*, Der Kommunalverfassungsstreit, S. 192ff. mwN.; kritisch *F. Schoch*, JuS 1987, S. 789ff.

[65] So etwa *W. Henrichs*, DVBl. 1959, S. 548, 560.

[66] *W. Henrichs*, a.a.O.; dazu *R. Bleutge*, Der Kommunalverfassungsstreit, S. 193.

[67] So *K. Stern*, in: BK Art. 93 Rn. 74; s.o. Teil E. II. 2. c).

[68] So im Ergebnis auch *R. Bleutge*, Der Kommunalverfassungsstreit, S. 196; OVG Münster, OVGE 27, S. 258, 262; *H.-U. Erichsen*, Der Innenrechtsstreit, S. 233. Ohne diese Einschränkung wäre auch der Kreis der klagebefugten Organe bzw. Organteile nicht sinnvoll einzugrenzen. Der Ausnahmecharakter des Organstreitverfahrens würde beseitigt und dadurch das bestehende System des verwaltungsgerichtlichen Rechtsschutzes zugunsten einer objektiven Rechtskontrolle verändert. Das wäre aber nur auf gesetzlicher Grundlage und nicht im Wege der Rechtsfortbildung zulässig.

[69] *F. Kopp*, VwGO, § 61 Rn. 13 mwN.; *K. Stern*, Verwaltungsprozessuale Probleme in der öffentlich-rechtlichen Arbeit, 6. Aufl. 1987, S. 123; *K. Redeker/H.J. v. Oertzen*, VwGO, § 61 Rn. 4; *F. Schnapp*, VerwArch Bd. 78 (1987), S. 449ff.; speziell zum SVR Schiedsgerichtsurteil vom 21.5.1973, DÖV 1973, S. 852, 854; *R. Bleutge*, Der Kommunalverfassungsstreit, differenziert: Auf Kollegialorgane sei § 61 Nr. 2 unmittelbar (S. 134f.), auf monokratische Organe analog anwendbar (S. 138ff.); so wohl auch *W. Krebs*, Jura 1981, S. 579; *D. Tsatsos*, S. 38.

[70] *H.-U. Erichsen*, Der Innenrechtsstreit, S. 222.

[71] *K.-P. Dolde*, Die Beteiligungsfähigkeit im Verwaltungsprozeß, in: Festschrift für Menger, S. 425, 436; *K. Ewald*, Zur Beteiligungsfähigkeit in Kommunalverfassungsstreitverfahren, DVBl. 1970, S. 237, 241ff.; zur „Relativität“ der Beteiligungsfähigkeit *D. Lorenz*, Festschrift für das Bundesverfassungsgericht, Bd. I, S. 245.

[72] *K.-P. Dolde*, a.a.O.; W. *Hoppe*, Organstreitigkeiten, S. 213.

der Planwidrigkeit der in § 61 VwGO enthaltenen Lücke zweifelt[73], können angesichts des o.g. Zwecks der Vorschrift nicht geteilt werden. Sind Organrechte vor den Verwaltungsgerichten einklagbar[74], sollte § 61 VwGO nach der Gesetzessystematik keine zusätzliche Zulässigkeitshürde bilden[75]; die derzeitige gesetzliche Regelung, die den Innenrechtsstreit nicht unmittelbar umfaßt, ist daher als „planwidrig" lückenhaft anzusehen.

III. Ergebnis

Die rechtliche Kontrolle der Ratstätigkeit ist durch die Verwaltungsgerichte möglich, soweit andere Bundesorgane geltend machen können, durch rechtswidrige Handlungen des Rates in ihren eigenen wehrfähigen Organrechten verletzt zu sein.

Dagegen besteht eine staatliche Aufsicht durch Exekutive oder Legislative mangels gesetzlicher Grundlage und wegen fehlender hierarchischer Unterordnung des Rates nicht.

---

[73] Der Innenrechtsstreit, S. 223; dem wohl folgend *F. Schoch*, JuS 1987, S. 787.

[74] Was auch *H.-U. Erichsen* (Der Innenrechtsstreit, S. 219ff., 228) bejaht.

[75] *K.-P. Dolde*, Die Beteiligungsfähigkeit im Verwaltungsprozeß, S. 425, 436.

F. Die Rechtsstellung der Mitglieder des Sachverständigenrates

I. Die Berufung der Ratsmitglieder

1. Die gesetzlichen Voraussetzungen für die Mitgliedschaft im Sachverständigenrat

a) Qualifikation

Als persönliche fachliche Qualifikation stellt das SVRG lediglich die Forderung auf, daß die Sachverständigen „über besondere wirtschaftswissenschaftliche Kenntnisse und volkswirtschaftliche Erfahrungen verfügen müssen", § 1 Abs. 2 SVRG. Angesichts der herausragenden Funktion des Rates wird der Begriff der besonderen wirtschaftswissenschaftlichen Kenntnisse so zu interpretieren sein, daß diese zwar nicht durch eine besondere formale Qualifikation nachzuweisen sind, aber jedenfalls erheblich über das hinauszugehen haben, was üblicherweise in einem wirtschaftswissenschaftlichen Studium vermittelt wird.

Was als volkswirtschaftliche *Erfahrungen* zu werten ist, wird im Gesetzeswortlaut nicht näher konkretisiert. Aus dem systematischen Zusammenhang mit § 1 Abs. 3 SVRG ist zu entnehmen, daß jedenfalls auch Hochschullehrer und Mitarbeiter wirtschafts- und sozialwissenschaftlicher Institute Mitglieder des Rates werden können. Daraus ist zu schließen, daß „Erfahrungen" nicht nur im Zusammenhang mit praktischer Tätigkeit in Wirtschaft, Verbänden und Verwaltung erworben werden können, sondern auch im „Elfenbeinturm" wirtschaftswissenschaftlicher Forschung. Dies läßt sich auch aus der Gesetzesgenese ableiten.

Im ersten Entwurf[1] war in § 1 Abs. 2 eine Quotierung vorgesehen; danach sollten dem Rat neben drei Hochschullehrern zwei Praktiker angehören, die „vor allem über *langjährige* volkswirtschaftliche und *praktische* Erfahrungen verfügen müssen". Der Wegfall der Quotierung wurde zwar damit begründet, daß ein „Reservat für Hochschullehrer nicht für notwendig gehalten" werde, „da nur die persönliche Qualifikation, nicht aber die Zugehörigkeit zum Lehrkörper einer Hochschule die Auswahl bestimmen sollte"[2].

Tatsächlich wäre eher umgekehrt ein „Reservat" für Praktiker erforderlich gewesen, da diese seit dem Ausscheiden von Dr. M. Schäfer im Jahre 1970 nicht mehr im Rat vertreten sind[3] und dieser seitdem ein reines Wissenschaftlergre-

---

[1] BT-Dr. IV/540.

[2] So der Bericht des Abg. *Junghans*, zu BT-Dr. IV/1320, S. 2.

mium ist[4]. Durch Weglassung des Erfordernisses der langjährigen *praktischen* Erfahrungen ließ der Gesetzgeber die Entstehung eines reinen Professorengremiums zu. Die Entwicklung hierzu wird faktisch durch die soziale Stellung der Ratsmitglieder verstärkt. Das Amt des Sachverständigen ist nicht als Hauptberuf ausgestaltet. Das ist zwar im SVRG nicht ausdrücklich geregelt, aber aus dem Regelungszusammenhang zu folgern. So erhalten die Mitglieder lediglich eine pauschale Entschädigung, die vom Bundesminister für Wirtschaft im Einvernehmen mit dem Bundesminister des Inneren festgesetzt wird, § 11 Abs. 1 SVRG; eine weitergehende soziale Absicherung dieser befristeten Tätigkeit findet nicht statt. Die gezahlten Entschädigungspauschalen sind derzeit auch nicht auf eine hauptberufliche Wahrnehmung des Sachverständigenamtes ausgerichtet[5]. Ein Spitzenmanager der Wirtschaft wird eine recht zeitaufwendige Ratstätigkeit kaum nebenamtlich ausüben können, so daß hierfür faktisch nur Hochschullehrer oder die in der wirtschaftswissenschaftlichen Forschung tätigen Institutsleiter in Frage kommen.

b) Inkompatibilitäten

Eine weitere Eingrenzung der potentiellen Ratsmitglieder auf den letztgenannten Personenkreis wird durch die Inkompatibilitätsvorschriften erzeugt, die ausdrücklich Hochschullehrer und Mitarbeiter von wirtschafts- und sozialwissenschaftlichen Instituten von dem generellen Ausschluß der Angehörigen des öffentlichen Dienstes, der Bundes- und Landesparlamente und -regierungen ausnehmen, § 1 Abs. 2 SVRG. Daneben sind auch Vertreter von Wirtschaftsverbänden und Arbeitgeber- bzw. Arbeitnehmerorganisationen ausgeschlossen. Über diese ausdrücklich benannten Inkompatibilitätstatbestände hinaus führen auch sonstige faktische Abhängigkeitsverhältnisse, die dem potentiellen Sachverständigen die von § 1 Abs. 1 SVRG geforderte unabhängige Amtsausübung unmöglich machen, zur Unzulässigkeit der Ernennung. Insoweit bezieht sich das Unabhängigkeitspostulat nicht nur auf den Ausschluß staatlicher Einflußnahme auf den Sachverständigenrat als Organ, vgl. § 3 Abs. 1 SVRG, sondern auch auf die persönliche Stellung der einzelnen Mitglieder.

2. Auswahl und Ernennung

Die Mitglieder des Sachverständigenrates werden auf Vorschlag der Bundesregierung durch den Bundespräsidenten berufen, § 7 Abs. 1 S. 1 SVRG. Hierbei muß die Bundesregierung, bevor sie ein neues Mitglied vorschlägt, die Mitglieder des Rates anhören, § 7 Abs. 2 S. 3 SVRG. Das im ersten Gesetzentwurf vorgesehene autonome Kooptationsverfahren, wonach der Rat

---

[3] Vgl. die Aufstellung bei *R. Hickel/H. Mattfeld* (Hg.), Anhang S. 195.

[4] *K. Wegner*, S. 69; *B.-O. Bryde*, S. 85.

[5] *G.T. Dietzel*, Wissenschaft und staatliche Entscheidungsplanung, S. 146 Fn. 395, nennt eine Summe von 50.000 DM jährlich.

neue Mitglieder selbst wählen sollte[6], war vor allem aus „verfassungspolitischen Bedenken“ fallengelassen worden[7]; auch die Anregung, den wissenschaftlichen Beiräten bei den Bundesministern für Wirtschaft und Finanzen ein Vorschlagsrecht einzuräumen, wurde nicht verwirklicht[8]. Das Anhörungsrecht gibt dem Rat trotzdem eine recht starke Stellung[9] bei der Ernennung neuer Mitglieder, weil sich keine Regierung in der öffentlichen Diskussion leichtfertig dem Vorwurf aussetzen wird, durch die Erzwingung der Berufung ihr genehmer Kandidaten die Unabhängigkeit des Rates zu gefährden[10]. Das daraus resultierende faktische Vorschlagsrecht wird dem Rat informell allerdings nur für drei der fünf Ratsmitglieder zugestanden. Daneben hat sich die Praxis herausgebildet, bei je einem Mitglied die Vorstellungen einerseits der Wirtschafts- und Arbeitgeberverbände und andererseits der Gewerkschaften zu berücksichtigen[11]. Öffentliche Aufmerksamkeit erlangten in den letzten Jahren diese „Proporzgesichtspunkte“ nur noch in bezug auf die den Gewerkschaften zugerechneten Ratsmitglieder, die durch Minderheitsvoten oder spektakuläre Rücktritte[12] sich von der Ratsmehrheit abheben. Dementsprechend wird diese Praxis in der Literatur kritisiert. So meint das ehemalige Ratsmitglied *Gutowski*, der „Brauch“, die Interessen der Tarifpartner zu berücksichtigen, sei solange kein Nachteil gewesen, „wie die Vorauswahl von der Bundesregierung im Einvernehmen mit dem Rat getroffen wurde“[13]. Es habe aber dem Ansehen des Rates Schaden zugefügt, daß die Gewerkschaften dazu übergangen seien, ihre Kandidaten durch den Bundesvorstand zu benennen[14]. *Eckert* sieht den Versuch des Gesetzgebers, Objektivität und Unabhängigkeit der Ratsmitglieder

---

[6] § 6 Abs. 3 des Entwurfes vom 26.6.1962, BT-Dr. IV/540.

[7] Vgl. den Bericht des Abg. *Junghans*, zu BT-Dr. IV/1320, S. 2, der allerdings keine weitere Begründung mitteilt. Ausschlaggebend werden Bedenken wegen der dann fehlenden demokratischen Legitimation gewesen sein, s.o. Teil D. III.

[8] Abg. *Junghans*, a.a.O.

[9] *K. Wegner*, S. 66f.

[10] *K. Wegner*, a.a.O. Es ist bisher kein Fall bekannt geworden, bei dem es zwischen Regierung und Rat zum Streit um die Berufung eines neuen Mitgliedes kam.

[11] Vgl. dazu *K. Wegner*, S. 69; *B.-O. Bryde*, S. 85; *H. Schulze-Fielitz*, Der informale Verfassungsstaat, S. 41f.; *G. Eckert*, VR 1984, S. 8; *A. Gutowski*, S. 10; *F. Rittner*, Wirtschaftsrecht, S. 83 mit Fn. 67; *W. Brohm*, in: Festschrift für Forsthoff, S. 69 berichtet, daß sogar je zwei Sachverständige im Benehmen mit Arbeitgeber- und Arbeitnehmerverbänden bestellt würden (dem folgend *H.H. v. Arnim*, Gemeinwohl und Gruppeninteressen, S. 328f.); dafür bestehen allerdings keine weiteren Anhaltspunkte; vgl. auch *Chr. Müller*, S. 156f., die eine Zuordnung der Mitglieder des Rates zu den jeweiligen Gruppen vornimmt.

[12] Vgl. hierzu das Interview des ehemaligen Ratsmitgliedes *Glastetter* in der Frankfurter Rundschau vom 2.9.1981, in dem er seinen Rücktritt begründete, sowie die Stellungnahme des Rates hierzu im JG 81/82, Vorwort Tz. 5 (BT-Dr. 9/1061); *K. Wegner*, S. 8.

[13] *A. Gutowski*, S. 10 (dessen eigene Berufung in den Sachverständigenrat nach der Mitteilung von *B.-O. Bryde*, S. 85 mwN. allerdings unter den Arbeitgeber- und Industrieverbänden auch nicht unumstritten gewesen ist).

[14] *A. Gutowski*, a.a.O.

zu gewährleisten, durch die oben beschriebene Praxis „verwässert“[15]. *Rittner* unterstellt, daß durch die Berücksichtigung der „Nähe zu einer bestimmten sozialen Gruppe“ Sachverstand und Persönlichkeit als Berufungskriterien zu kurz kämen[16].

Diesen kritischen Stimmen ist zuzugeben, daß im Gesetz „Proporzgesichtspunkte“, repräsentative Elemente o.ä. nicht vorgesehen sind. Das Konzept eines unabhängigen Rates steht im Gegensatz zu repräsentativ zusammengesetzten Gremien, die dem Wirtschaftsratsmodell entsprechen[17] oder etwa der konzertierten Aktion[18].

Allerdings ist, soweit ersichtlich, die Rechtswidrigkeit der bisherigen Praxis, die seit Bestehen des Rates von allen Bundesregierungen beachtet wurde, noch nicht konstatiert worden. Das hat seinen Grund vor allem darin, daß diese Praxis institutionell in keiner Weise abgesichert ist und Auswahlkriterien außer den fachlichen Mindestanforderung des § 1 Abs. 2 SVRG und den Inkompatibilitätsvorschriften, § 1 Abs. 1 und 3 SVRG, gesetzlich nicht geregelt sind. Welche weiteren Auswahlkriterien die Bundesregierung bei ihrem Vorschlag für die Berufung der Ratsmitglieder anlegt, fällt allein in ihren politischen Entscheidungsbereich; keine „soziale Gruppe“ hat hierbei einen Anspruch auf Berücksichtigung.

Im übrigen begründet die Bundesregierung ihre Vorschläge nicht, so daß die Entscheidungsgründe nicht öffentlich dokumentiert sind.

Darüber hinaus enthält das SVRG Anhaltspunkte, nach denen die langjährige Praxis der Bundesregierung nicht nur nicht rechtswidrig, sondern durchaus auch den Zielen des Gesetzes zuträglich ist. So macht eine Beratung, die an alle wirtschaftspolitisch verantwortlichen Instanzen sowie die Öffentlichkeit adressiert ist, und dazu zählen vorrangig auch die Gewerkschaften[19], nur Sinn, wenn sie von den Adressaten auch ernstgenommen und akzeptiert wird. Dafür ist aber Voraussetzung, daß das gesellschaftspolitische Grundverständnis dieser Gruppen nicht prinzipiell von der Meinungsbildung innerhalb des Sachverständigenrates ausgeschlossen ist[20]. Weiterhin soll der Rat nach § 2 S. 5 SVRG bei seinen Untersuchungen jeweils verschiedene Annahmen zugrundelegen und deren unterschiedliche Wirkung darstellen und beurteilen[21]. Auch insofern entspricht

---

[15] VR 1984, S. 8.

[16] Wirtschaftsrecht, S. 83 mit Fn. 67.

[17] S.o. Teil A. III. 1.

[18] S.o. Teil A. III. 2.

[19] S.o. Teil B. I.

[20] Vgl. dazu *S. Matern-Rehm*, Wirtschaftswoche vom 11.9.1981, in bezug auf den Rücktritt des den Gewerkschaften nahestehenden Ratsmitglieds Glastetter: „Gelingt es ihm (dem Sachverständigenrat) nicht, Pluralität zu verdeutlichen, so begibt er sich der Chance, von den großen gesellschaftspolitischen Gruppen akzeptiert und respektiert zu werden“.

[21] S.o. Teil B. III. 4.

es durchaus dem Gesetzeszweck, wenn die geforderte Pluralität in der Beratung auch in der personellen Zusammensetzung zum Ausdruck kommt.

Der Sinn der Berücksichtigung einer „Nähe zu Kapital und Arbeit“[22] ist es nicht, einen „Aufpasser“ der jeweiligen gesellschaftlichen Gruppe im Rat zu plazieren. Das wäre dann allerdings ein Verstoß gegen das Unabhängigkeitspostulat des § 1 Abs. 1 SVRG. Vielmehr bestehen auch in der wirtschaftswissenschaftlichen Theorie unterschiedliche Lehrmeinungen[23], etwa angebotsorientierte, nachfrageorientierte oder monetaristische Konzepte. Es mögen sich zwar auch in den Wirtschaftswissenschaften „herrschende Meinungen“ herausgebildet haben; diese haben aber nach der Wissenschaftslogik nicht unbedingt eine größere Nähe zur Wahrheit als „Mindermeinungen“[24]. Von daher widerstrebt es der Zielsetzung der Beratung nicht, wenn bereits bei der Meinungsbildung im Rat selbst unterschiedliche Theorieansätze vertreten sind. Nun wird allerdings in Zweifel gezogen, inwieweit der Bundesregierung die Kompetenz zuzubilligen ist, unter dem Aspekt der Berücksichtigung wissenschaftlicher Lehrmeinungen eine Auswahl der Ratsmitglieder zu treffen[25]. Da andererseits die Ratsmehrheit durch ihre Personalvorschläge tendenziell dazu neigt, die eigene Position zu festigen[26], bietet die Berücksichtigung eines Kandidaten, dessen gesellschaftspolitisches Vorverständnis sich eher mit den Vorstellungen der Gewerkschaften deckt, ein gewisses Gegengewicht zur „herrschenden“ eher konservativen Mehrheit im Rat[27], ohne daß die Regierung selbst die Positionen innerhalb der Wirtschaftswissenschaften ausloten müßte.

Daß die Berücksichtigung anderer wirtschaftswissenschaftlicher Lehrmeinungen kein dem Ratskonzept wesensfremdes repräsentatives Element ist, zeigen die Mehrheitsverhältnisse: Nach § 8 Abs. 1 SVRG bedürfen die Beschlüsse des Rates der Zustimmung von mindestens drei Mitgliedern. Damit bleibt aber eine „neutrale“ Mehrheit gewährleistet[28]. Eine Grenze für die Berücksichtigung alternativer Konzepte bei der Personalauswahl folgt aus der Regelung des § 2 S. 2 SVRG, der dem Rat die Beachtung des „Rahmens der marktwirtschaftlichen Ordnung“ vorschreibt. Zentralverwaltungswirtschaftliche Konzepte haben daher im Sachverständigenrat keinen Platz. Auch im Interesse einer effektiven Beratung ist es sinnvoll, die Gutachter aus einem

---

[22] So *H. Schulze-Fielitz*, S. 42.

[23] *H. Schulze-Fielitz*, a.a.O.

[24] So führt *W. Wilhelm*, S. 183, die geringe Repräsentanz bestimmter „Richtungen“ nicht auf die Unvereinbarkeit ihrer Positionen mit wissenschaftlichen Erkenntnissen, sondern auf „bestimmte Traditionen“ der Personalpolitik an den Hochschulen zurück.

[25] *H. Schulze-Fielitz*, S. 42.

[26] *G. Eckert*, VR 1984, S. 9, sieht auch beim Sachverständigenrat eine Tendenz zur „Inzucht“, gemünzt auf Professoren der Universität Saarbrücken, die häufig ihre Schüler als Ratsmitglieder vorschlugen; vgl. dazu auch *H. Schulze-Fielitz*, S. 42 Fn. 180.

[27] Zu den Mehrheitsverhältnissen vgl. *H. Schulze-Fielitz*, S. 42 Fn. 181.

[28] Die Stimmenverhältnisse betragen in den meisten Fällen, soweit kontroverse Abstimmung überhaupt bekannt werden, sogar 4:1; vgl. *H. Schulze-Fielitz*, a.a.O.

Spektrum auszuwählen, das in bezug auf die zu beratenden politisch entscheidenden Instanzen halbwegs realistische praktische Vorschläge erwarten läßt[29].

Daß sich die „Linke" unter den Wirtschaftswissenschaftlern trotz der Berücksichtigung eines „gewerkschaftsnahen" Hochschullehrers im SVR[30] nicht vertreten fühlt, zeigt die seit 1975 erfolgende Herausgabe von alternativen Gegengutachten durch die „Memorandum-Gruppe"[31]. Im Ergebnis ist die bisher informell geübte Praxis der Auswahl der Sachverständigen zwar im Gesetz nicht vorgesehen und damit jederzeit abänderbar, sie widerspricht aber nicht dem Gesetzeswortlaut und steht durchaus mit der Zielsetzung des SVRG in Einklang.

3. Rechtsnatur der Berufung

Die Berufung zum Sachverständigen könnte als Verwaltungsakt iSd. § 35 VwVfG zu qualifizieren sein. Die Berufung durch den Bundespräsidenten ist ein einseitiger Rechtsakt. Indiz hierfür ist die Verwendung des Begriffs „Berufung" im Text des § 7 Abs. 1 SVRG. Darüber hinaus beläßt das Gesetz keinen Spielraum für vertragliche Regelungen des Rechtsverhältnisses des Sachverständigen[32]. Das ergibt sich daraus, daß Aufträge an den Rat und damit auch an die Sachverständigen nur durch das SVRG begründet werden können, § 3 Abs.1 SVRG. Auch die Rechte der Mitglieder sind gesetzlich geregelt bzw. werden, wie die Entschädigung, einseitig durch staatliche Stellen festgesetzt, § 11 Abs. 1 S. 2 SVRG.

Dieser Rechtsakt ergeht auf dem Gebiet des öffentlichen Rechts, da der Rat im wesentlichen unmittelbar staatliche Funktionen wahrnimmt[33] und diese regelmäßig in Rechtsformen des öffentlichen Rechts wahrgenommen werden[34], solange nicht ausdrücklich eine andere Rechtsform zulässigerweise gewählt wird; dafür bestehen hier aber keine Indizien.

---

[29] *H. Schulze-Fielitz*, S. 42 Fn. 183.

[30] Wie aus den Ratsgutachten hervorgeht, stimmen auch diese Ratsmitglieder mit der Mehrheit weitestgehend überein; der ganz überwiegende Teil der Gutachten wird einstimmig getragen; lediglich in Einzelpunkten werden abweichende Ansichten sichtbar.

[31] Dazu *Chr. Müller*, Stichwort: Memorandum-Gruppe, in: Lexikon Wirtschaftspolitik; die jährlich herausgegebenen Memoranden werden von ihren Verfassern bewußt als Kritik gegenüber den Jahresgutachten des SVR verstanden; vgl. dazu *R. Hickel*, „Gegengutachten" — Anstoß und konzeptionelle Entwicklung einer wirtschaftspolitischen Alternative, S. 129, 132; öffentlich auseinandergesetzt hat sich der SVR erstmals mit „anderen wirtschaftspolitischen Vorstellungen" im JG 1985/86, Tz. 203ff.

[32] Vgl. dazu *G. T. Dietzel*, Wissenschaft und staatliche Entscheidungsplanung, S. 144.

[33] S.o. Teil C. I. 2. und 3.; *W. Brohm*, in: Festschrift für Forsthoff, S. 58.

[34] „Vermutungsregel", vgl. *H.-U. Erichsen*, VerwArch Bd. 65 (1974), S. 311, 314 speziell zum SVR; *ders.*, Öffentliches und privates Recht, Jura 1982, S. 544 mwN. in Fn. 76; *H. P. Bull*, Allgemeines Verwaltungsrecht, Rn. 117; *M. Zuleeg*, VerwArch Bd. 73 (1982), S. 397; vgl. auch *O. Bachof*, AöR Bd. 83 (1958), S. 238.

Als einseitige Maßnahme auf dem Gebiet des öffentlichen Rechts erfolgt die Berufung auch hoheitlich[35]. Sie entfaltet den Sachverständigen gegenüber rechtliche Außenwirkung, da sie ihre persönliche Rechtsstellung gestaltet[36]. Dies gilt auch gegenüber Professoren, die sich bereits in einem öffentlich-rechtlichen Dienstverhältnis befinden, da auch diesen gegenüber eine eigenständige zusätzliche Rechte- und Pflichtenbeziehung begründet wird. Damit erfüllt die Berufung alle Tatbestandsmerkmale eines Verwaltungsaktes.

Obwohl einseitig-hoheitliche Regelung, setzt die Berufung zum Sachverständigen dessen Einverständnis voraus. Für eine „Beratungspflicht" besteht keine Rechtsgrundlage[37]; vielmehr ist aus der Regelung des § 7 Abs. 3 SVRG, wonach die Mitglieder ihr Amt durch einseitige Erklärung niederlegen können, zu folgern, daß auch die Begründung der Mitgliedschaft nur einverständlich erfolgen kann[38].

Die Berufung zum Mitglied des Sachverständigenrates ist damit als mitwirkungsbedürftiger Verwaltungsakt zu qualifizieren.

II. Status der Ratsmitglieder

Ist die Berufung zum Mitglied des Sachverständigenrats als Verwaltungsakt zu qualifizieren, stellt sich die Frage nach der rechtlichen Einordnung des hierdurch begründeten Rechtsverhältnisses. Als „privatrechtsgestaltender" Verwaltungsakt kann die Berufung nicht gewertet werden, weil das Rechtsverhältnis durch das SVRG einseitig hoheitlich ausgestaltet ist und im Privatrecht die einseitige Begründung eines derartigen Rechtsverhältnisses (von hier nicht einschlägigen gesetzlich normierten Ausnahmen abgesehen) nicht möglich ist, so daß die Ratsmitglieder in einem öffentlich-rechtlichen Rechtsverhältnis zur Bundesrepublik Deutschland stehen. Der Regelfall des öffentlich-rechtlich gestalteten Rechtsverhältnisses zur Erbringung von Arbeitsleistungen für den Staat ist der des Lebenszeitbeamten, vgl. Art. 33 Abs. 4 GG[39]. Eine Ernennung zum Beamten — auch nicht zum Zeit- oder Ehrenbeamten — ist im SVRG nicht vorgesehen und wäre auch mit der Unabhängigkeit des Rates kaum vereinbar[40]. Allerdings ist das Beamtenverhältnis nicht die einzige Form der Ausgestaltung eines öffentlich-rechtlichen Dienst- bzw. Amtsverhältnisses; Art. 33 Abs. 4 und 5

[35] *H.-U. Erichsen/W. Martens*, § 11 II 3 (S. 170).

[36] *H. J. Wolff/O. Bachof*, Bd. I, § 46 VII.

[37] *G. T. Dietzel*, a.a.O., S. 145.

[38] So im Ergebnis auch *G. T. Dietzel*, a.a.O.

[39] Die Formulierung des „öffentlich-rechtlichen Dienst- und Treueverhältnisses" ist inhaltlich deckungsgleich mit dem in Art. 33 Abs. 5 GG ausdrücklich genannten „Berufsbeamtentum", so *Th. Maunz,* in: Th. Maunz/G. Dürig, GG, Art.33 Rn. 39.

[40] Vgl. nur die „Gehorsamspflicht", § 55 BBG, die auch der Berichterstatter des Bundesverfassungsgerichts (JöR Bd. 6, S. 120, 130, 146) mit der ihr (hier ebenfalls nicht vorhandenen) komplementären Disziplinargewalt als Chrakteristikum des Beamtenverhältnisses ansieht.

GG enthalten keinen numerus clausus der Rechtsformen[41]. So regelt etwa das nordrhein-westfälische Hochschulrecht den Lehrauftrag expressis verbis als „öffentlich-rechtliches Rechtsverhältnis eigener Art“[42]; andere Beispiele sind Datenschutzbeauftragte oder etwa die Vorstandsmitglieder der Deutschen Bundesbahn[43]. Entsprechend wird auch der Status der Mitglieder des Sachverständigenrates als öffentlich-rechtliches Amtsverhältnis eigener Art aufzufassen sein[44]. Dies hat zur Folge, daß Rechtsstreitigkeiten sowohl der Ratsmitglieder untereinander[45] als auch einzelner Ratsmitglieder gegen den Staat als öffentlich-rechtliche Streitigkeiten gem. § 40 Abs. 1 VwGO zu qualifizieren sind.

Des weiteren stellt sich die Frage, ob die Ratsmitglieder ein öffentliches Amt iSd Art. 34 GG ausüben. Grundsätzlich erfaßt der haftungsrechtliche Beamtenbegriff nicht nur Beamte im staatsrechtlichen Sinne, Arbeiter und Angestellte des öffentlichen Dienstes, sondern auch Personen, die sich in sonstigen öffentlich-rechtlichen Amtsverhältnissen befinden[46]. Daß der Sachverständigenrat keine „obrigkeitlichen“ Befugnisse innehat, schließt die Staatshaftung nicht aus; vielmehr ist insofern auf die Rechtsform des Staatshandelns abzustellen[47]: werden öffentliche Aufgaben in Rechtsformen des öffentlichen Rechts erfüllt, greift Art. 34 GG ein[48]. Auch Amtshandlungen eines Kollegialorgans, dessen Mehrheit pflichtwidrig votiert hat, sind staatshaftungsrechtlich relevant[49].

Grundsätzlich unterfallen deshalb auch die Mitglieder des Sachverständigenrates dem haftungsrechtlichen Beamtenbegriff und damit dem Art. 34 GG. Angesichts des geringen Außenbezugs der Ratstätigkeit[50] dürfte das eigentliche

---

[41] So ausdrücklich BVerwGE 49, S. 137, 142; BVerfGE 39, S. 334, 372; vgl. auch *G. Seibert*, DVBl. 1972, S. 304, 306.

[42] Vgl. §§ 56 Abs. 1 S. 3 WissHG NW, 39 Abs. 1 S. 3 FHG NW (dazu BVerwGE 49, S. 137, 140).

[43] *H.W. Scheerbarth/H. Höffken*, § 9 IV 1 a) cc) (S. 166) mwN. und weiteren Beispielen.

[44] *W. Brohm*, in: Festschrift für Forsthoff, S. 62, hält die Rechts- und Pflichtenstellung von Sachverständigen in Beratungsfunktionen für vergleichbar mit dem Status eines Beliehenen.

[45] Vgl. dazu das Schiedsgerichtsurteil, DÖV 1973, S. 852ff.

[46] *H.-J. Papier*, in: Th. Maunz/G. Dürig, GG, Art. 34 Rn. 94.

[47] *H. P. Bull*, Allgemeines Verwaltungsrecht, Rn. 1090; *F. Ossenbühl*, Staatshaftungsrecht, 3. Aufl. 1983, S. 17.

[48] *B. Bender*, Staatshaftungsrecht, Rn. 157; *H. Maurer*, Allgemeines Verwaltungsrecht, § 25 Rn. 12. Auch hier kommt die „Vermutungsregel“ zum Tragen, daß die Erfüllung öffentlicher Aufgaben in Rechtsformen des öffentlichen Rechts geschieht, wenn keine besonderen Indizien auf die Wahl privatrechtlicher Formen hinweisen (*H.-J. Papier*, in: Münchener Kommentar zum BGB, 2. Aufl., § 839 Rn. 128); letzteres ist aber beim Handeln des SVR nicht der Fall; vgl. auch oben Teil F. I. 3.

[49] *Staudinger/Schäfer*, BGB-Komm., § 839 Rn. 71; vgl. BGHZ 84, S. 292, 299 (Gemeinderat).

[50] Dazu zählt im wesentlichen die Beratung der Tarifpartner und der Öffentlichkeit, s.o. Teil B. I.

Problem für das Durchgreifen einer Staatshaftung bei dem Bestehen einer drittbezogenen Amtspflicht liegen[51].

Letztlich bleibt die Frage zu klären, ob die Ratsmitglieder auch Amtsträger iSd § 11 Abs. 1 Nr. 2 lit. b StGB sind. Der Wortlaut der Norm scheint dies nahezulegen, denn ein „sonstiges öffentlich-rechtliches Amtsverhältnis" ist nach dem oben Gesagten zu bejahen. Nimmt man aber die Formulierung des lit. c) hinzu, wonach auch *sonst* dazu Bestellte zählen, die ...„Aufgaben der öffentlichen Verwaltung wahrnehmen", wird deutlich, daß mit dem Begriff Amtsträger nur solche in *exekutiven* Funktionen gemeint sind[52]. Da beim SVR die Beratungsfunktionen für Exekutive und Legislative nicht zu trennen sind, dürfte der strafrechtliche Amtsträgerbegriff auf die Ratsmitglieder nicht zutreffen.

III. Rechte der Sachverständigen

Durch die Berufung zum Sachverständigen werden den Mitgliedern Rechte eingeräumt, wobei zu unterscheiden ist zwischen den Rechtspositionen, die ihnen als Person zustehen, ihren Status gestalten, und solchen, die das „Amt"[53] des Sachverständigen ausmachen, d.h. seine „Wahrnehmungszuständigkeiten"[54], die angesichts der Konstruktion des Rates als Kollegialorgan als Mitgliedschaftsrechte bezeichnet werden können.

Diese Unterscheidung[55] ist von praktischer Bedeutung für die Frage, ob und ggf. wie diese Rechte im Konfliktfall durchsetzbar sind.

1. Persönliche Rechte

Die Statusrechte der Ratsmitglieder sind durch das SVRG nur sehr rudimentär geregelt[56]. Ausdrücklich genannt ist hier lediglich das Recht auf die pauschale Entschädigung und auf Reisekostenersatz, § 11 Abs. 1 SVRG; daneben können die Mitglieder ihr Amt durch Erklärung gegenüber dem Bundespräsidenten niederlegen, § 7 Abs. 3 SVRG, und dadurch ihren Status beenden. Weitere Rechte, etwa auf Kranken- und Altersversorgung, Führung eines geschützten Titels o.ä. sind nicht vorgesehen.

---

[51] *W. Rüfner*, in: H.-U. Erichsen/W. Martens, Allgemeines Verwaltungsrecht, § 51 II 2 (S. 484) mwN.

[52] *H. Tröndle*, in: Leipziger Kommentar zum StGB, 10. Aufl., § 11 Rn. 21.

[53] Dazu *H.-J. Wolff/O. Bachof*, Bd. II, § 73 I (S. 27ff.).

[54] Zum Begriff *H.-J. Wolff/O. Bachof*, Bd. II, § 72 I c (S. 15).

[55] Ausführlich zur „Dichotomie" (so *F. Schnapp*, Rechtstheorie Bd. 9 (1978), S. 281) *F. Schnapp*, Amtsrecht und Beamtenrecht, passim; vgl. auch *E.-W. Böckenförde*, in: Festschrift für Wolff, S. 270f.

[56] Zu den im Vergleich sehr umfangreichen Rechten der Beamten siehe *H.-J. Wolff/O. Bachof/R. Stober*, Bd. II, § 116.

Die sonstigen im SVRG enthaltenen Rechte dienen nicht dem Sachverständigen selbst, sondern werden dem „Amt" des SVR-Mitglieds zugewiesen. Sie haben „instrumentalen" Charakter[57], um eine möglichst funktionsgerechte Erfüllung des gesetzlichen Auftrags zu gewährleisten.

Denkbar wäre allerdings, daß sich weitere Rechte aus den Grundrechten, insbesondere aus dem Grundrecht der Wissenschaftsfreiheit, Art. 5 Abs. 3 GG, ableiten lassen. Grundsätzlich kann auch gutachtliche Auftragsforschung unter den Schutz des Grundrechts der Wissenschaftsfreiheit fallen[58]. Insofern ist die durch das SVRG vorgesehene Unabhängigkeit der Beratung auch durch das GG geschützt[59]. Weisungen, die etwa die Ergebnisse der Gutachten determinieren würden, wären danach auch verfassungsrechtlich unzulässig.

Anders ist dies hinsichtlich der in § 2 SVRG vorgesehenen gesetzlichen Zielvorgaben für die Gutachten. Sie enthalten lediglich die Formulierung des Auftrags der Forschung, den der Sachverständige annehmen kann, nicht aber annehmen muß, so daß hierin bereits tatbestandsmäßig kein Grundrechtseingriff zu sehen ist[60]. Eine Mißachtung des durch § 2 S. 2 SVRG vorgegebenen „Rahmens der marktwirtschaftlichen Ordnung" wäre deshalb nicht durch Art. 5 Abs. 3 GG geschützt. Auch im übrigen enthält das SVRG keine Grundrechtsbeeinträchtigungen. Eigenständige Bedeutung hätte Art. 5 Abs. 3 GG daher nur, wenn das Grundrecht weitergehende, nicht im SVRG festgelegte Rechte einräumen würde. Dabei ist nicht mehr die Funktion der Grundrechte als Abwehrrecht, sondern als Teilhabe- oder Leistungsrecht angesprochen. Das BVerfG hat speziell im Hinblick auf Art. 5 Abs. 3 GG Elemente eines Rechts auf Teilhabe an vom Staat bereitgestellten Leistungen entwickelt[61]. Im numerus-clausus-Urteil[62] klingen sogar leistungsrechtliche Elemente an[63]. Diese Ansätze bleiben allerdings die durch eine besondere Situation begründete Ausnahme von der Hauptfunktion der Grundrechte als Abwehrrechte[64], entwickelt aus der Erkenntnis, daß ohne die Bereitstellung funktionsfähiger staatlicher Institutionen ein freier Wissenschaftsbetrieb nicht funktionieren kann[65]. Dieser in bezug auf die traditionellen wissenschaftlichen Hochschulen entwickelte Gedanke ist aber nicht übertragbar auf spezielle Bereiche staatlicher Auftragsforschung wie

---

[57] So *R. Scholz*, DÖV 1973, S. 846; *H. Bethge*, DV Bd. 8 (1975), S. 465.

[58] *H. v. Mangoldt/F. Klein*, GG, Bd. I, 2. Aufl. 1966, Art. 5 Anm. X 4 e, g, i (S. 256); dem folgend *R. Scholz*, in: Th. Maunz/G. Dürig, Art. 5 II, Rn. 98.

[59] Vgl. zu den einzelnen von Art. 5 Abs. 3 erfaßten Verhaltensweisen im Rahmen der wissenschaftlichen Forschung *H. v. Mangoldt/F. Klein/Chr. Starck*, 3. Aufl., Art. 5 Rn. 229; s. auch oben Teil D. IV. 3.

[60] Vgl. *H. v. Mangoldt/F. Klein/Chr. Starck*, Art. 5 Rn. 252.

[61] BVerfGE 35, S. 79, 115.

[62] BVerfGE 33, S. 303, 333.

[63] Dazu *B. Pieroth/B. Schlink*, Rn. 123.

[64] Dazu *B. Pieroth/B. Schlink*, Rn. 72ff.

[65] BVerfGE 35, S. 79, 114f.; dazu BVerwGE 70, S. 310, 315.

etwa beim Sachverständigenrat. Er wurde nicht zur Stützung des allgemeinen Wissenschaftsbetriebs, sondern aus einem speziellen staatlichen Beratungsbedürfnis heraus eingerichtet. Besondere Teilhabe- oder Leistungsrechte können die Mitglieder des SVR aus Art. 5 Abs. 3 GG daher nicht herleiten; es bleibt die Funktion des Abwehrrechts, für die das SVRG, wie oben dargelegt, aber keinen eigenständigen Raum beläßt.

2. Mitgliedschaftsrechte

a) Grundrechtliche Begründung

Teilweise werden auch zur Ausgestaltung von Mitgliedschaftsrechten von Organen öffentlich-rechtlicher Körperschaften die Grundrechte herangezogen[66]. Dagegen rechnet die ganz h.M. die Grundrechte den subjektiv-öffentlichen Rechtspositionen des Außenrechts zu, die nur als natürliche Person[67], nicht aber in einer öffentlichen Amtsstellung, etwa als Mitglied eines Gemeinderates, geltend gemacht werden können[68]. Nur die letztere Ansicht wird der unterschiedlichen Funktion subjektiver Rechte in den beiden voneinander zu trennenden Rechtsbereichen gerecht. Während die Freiheitsrechte natürlicher Personen um ihrer selbst willen bestehen, haben subjektive Rechte im innerorganisatorischen Bereich im wesentlichen instrumentalen Charakter[69]; sie dienen letztlich dem Staat selbst.

Das subjektive Organrecht wird dem Amt, verstanden als „institutionalisierter Inbegriff von Wahrnehmungszuständigkeiten“[70] zugewiesen, und hat insoweit „apersonalen“ Charakter[71]. Es ist selbst als Produkt organisierender Rechtssätze des öffentlichen Rechts Ausdruck der Staatsgewalt, die nicht gleichzeitig Berechtigte und Verpflichtete der Grundrechte sein kann[72]. Ausnah-

---

[66] So etwa in bezug auf das Stimmrecht kommunaler Mandatsträger, BayVerfGH BayVBl 1984, S. 621 (= NVwZ 1985, S. 823) m. krit. Anm. *Hofmann*, BayVBl. 1984, S. 747, 749; vgl. auch OVG Rh.-Pf., DÖV 1985, S. 632; allgemein auch *R. Dreier*, in: Festschrift für Scupin, S. 106.

[67] So im Grundsatz auch BVerfGE 21, S. 362, 369; nach BVerfG NJW 1987, S. 2501 f. dienen die Grundrechte in erster Linie dem Schutz ursprünglicher, unabgeleiteter Freiheiten des Menschen.

[68] So explizit OVG NW, OVGE 36, S. 155, 156 (= NVwZ 1983, S. 485 = DVBl. 1983, S.˙53); *A. v. Mutius*, in: BK Art. 19 III Rn. 117; *H. Bethge*, Grundrechtsberechtigung, S. 74f. mwN. Dies gilt auch für Bundestagsabgeordnete, vgl. BVerfGE 60, S. 374, 379; *H. H. Kasten*, Jura 1985, S. 232.

[69] *R. Scholz*, DÖV 1973, S. 846; *H. Bethge*, DV Bd. 8 (1975), S. 465; *J. Burmeister*, S. 52; *R. Wendt*, NWVBL 1987, S. 35; s. auch oben Teil E. II. 2. c).

[70] *H.-J. Wolff/O. Bachof*, Bd. II, § 73 I c 2.

[71] *H.-J. Wolff/O. Bachof*, a.a.O.; *H. Bethge*, Grundrechtsberechtigung, S. 74 mwN.

[72] „Konfusionsargument“, *S. Hendrichs*, in: v. Münch, GG, Bd. I, Art. 19 Rn. 38; *H. Bethge*, Grundrechtsberechtigung, S. 64, 69f.; BVerfGE 15, S. 256, 262; 21, S. 362, 370; krit. *K. A. Bettermann*, NJW 1969, S. 1323; *A. v. Mutius*, in: BK, Art. 19 III Rn. 92.

men von dem Grundsatz, daß öffentlich-rechtliche Körperschaften bzw. ihre Organe und Teilorgane nicht grundrechtsberechtigt sind, werden nur dann anerkannt, wenn diese sich ausnahmsweise in einer besonderen „grundrechtstypischen Gefährdungslage" befinden[73]. Das ist nach der Rechtsprechung des BVerfG der Fall bei Kirchen[74], öffentlich-rechtlichen Rundfunkanstalten[75] und Universitäten[76]. Einer Ausdehnung dieser auf wissenschaftliche Hochschulen bezogenen Ausnahme auf den gesamten Geltungsbereich des Art. 5 Abs. 3 GG[77] kann nicht zugestimmt werden. Zum einen sind Ausnahmen eng zu fassen[78]; zum anderen kann nicht bei jeder staatlichen Forschungseinrichtung von einer „grundrechtstypischen Gefährdungslage"[79] gesprochen werden. Dies gilt auch für den Sachverständigenrat[80], der nicht eine historisch gewachsene, sich selbst verwaltende Körperschaft zum Zwecke übergreifender Forschung und Lehre, sondern ein unmittelbares staatliches Organ mit genau definiertem Forschungsauftrag darstellt. Da das Grundrecht der Wissenschaftsfreiheit nicht auf den Rat als Organ anwendbar ist, kann es auch nicht für die Mitglieder als Organteil gelten.

Auch aus der Funktion der Grundrechte als „objektive wertentscheidende Grundsatznormen"[81] läßt sich nichts anderes ableiten. Zwar ist der Gesetzgeber gehalten, den grundrechtlich geschützten Freiheitsraum auch durch organisatorische Maßnahmen abzusichern[82]. Das ist durch die Unabhängigkeitsgarantien des SVRG erfolgt. Weitere Mitgliedschaftsrechte lassen sich hierdurch nicht herleiten[83].

Die Mitgliedschaftsrechte der Sachverständigen sind daher ausschließlich dem SVRG zu entnehmen.

---

[73] BVerfGE 45, S. 63, 79; dazu krit. *G. Dürig*, in: Th. Maunz/G. Dürig, GG Art. 19 III Rn. 46.

[74] BVerfGE 70, S. 138, 160f.

[75] BVerfGE 59, S. 231, 254f.; BVerfG DVBl. 1987, S. 834, 835.

[76] BVerfGE 15, S. 256, 262; zum ganzen *H. Bethge*, Grundrechtsberechtigung, S. 67f.; *S. Broß*, VerwArch Bd. 77 (1986), S. 65, 71ff.

[77] Insoweit mißverständlich *H.-U. Erichsen*, VerwArch Bd. 71 (1980), S. 438.

[78] Vgl. BVerfGE 59, S. 231, 254f.; *H. Bethge*, Grundrechtsberechtigung, S. 129f.

[79] Diese ist bezüglich der Universitäten gegeben, *H. Bethge*, Grundrechtsberechtigung, S. 80ff.

[80] S.o. Teil F. III. 1.

[81] BVerfGE 35, S. 79, 112; zum ganzen *H. D. Jarass*, AöR Bd. 110 (1985), S. 363, insb. 385ff.; *P. Häberle*, AöR Bd. 110 (1985), S. 330, 358.

[82] BVerfGE 35, S. 79, 116.

[83] *H. Bethge*, Grundrechtsberechtigung, S. 76f.

b) Inhalt

aa) Mitwirkungsrechte

Durch § 2 SVRG wird dem Rat als ganzem ein Beratungsauftrag erteilt. Im Zusammenhang mit § 8 Abs. 1 und 2 SVRG, der Abstimmungen innerhalb des Rates vorsieht und damit ein Stimmrecht eines jeden Mitglieds voraussetzt, ist hieraus ein Teilnahmerecht des einzelnen an den Beratungen des Sachverständigenrates abzuleiten. Dies gilt ausnahmslos für alle Beratungen und Sitzungen, in denen der Rat seine gesetzlichen Aufgaben erfüllt. Wann das der Fall ist, hängt nicht von formalen Kriterien wie etwa einer Einladung o. ä. ab[84]. Zumindest bei allen Sitzungen, auf denen Entscheidungen gefällt werden, muß jedem Mitglied eine Möglichkeit zur Teilnahme eingeräumt werden. Daß darüber hinaus weitere „Arbeitsbesprechungen"[85] von Ratsmitgliedern untereinander oder mit den Assistenten des Rates stattfinden, an denen aus praktischen Gründen nicht alle Ratsmitglieder teilnehmen *müssen*, steht dem nicht entgegen. Eine solche aus Gründen der Arbeitsteilung möglicherweise erforderliche Aufteilung der Ratsarbeit kann einverständlich erfolgen. Das SVRG räumt aber nicht die Möglichkeit ein, einzelne Ratsmitglieder gegen deren Willen von Beratungen auszuschließen. Eine Ausschußbildung ist nicht vorgesehen. Insbesondere kann aus dem Recht zu Minderheitsvoten, § 3 Abs. 2 SVRG, nicht geschlossen werden, daß die Rats„mehrheit" eine Art „Fraktionsbildung" betreiben darf und unter Ausschluß des/der Minderheitsvotanten ein „Mehrheitsgutachten" erstellt. Die Gutachten sind einheitlich vom Rat als ganzem zu verantworten; lediglich zu *einzelnen* Fragen werden Mindermeinungen im Gutachten zum Ausdruck gebracht.

Aus alledem folgt das Recht eines jeden Mitglieds auf gleichberechtigte Teilhabe an der Arbeit des Rates[86].

bb) Stimmrecht

Das Stimmrecht der Ratsmitglieder wird im Gesetz nicht ausdrücklich erwähnt, aber von § 8 Abs. 1, wonach die Beschlüsse des Sachverständigenrates der Zustimmung von mindestens drei Mitgliedern bedürfen, vorausgesetzt. Angesichts dieses in absoluten Zahlen festgelegten Quorums stellt sich die Frage, ob bei Abstimmungen im Rat auch Stimmenthaltungen zulässig sind. Diese Frage ist, wie in den meisten anderen Organisationsgesetzen, auch im SVRG nicht geregelt; lediglich Art. 48 Abs. 1 S. 2 BayGO verbietet Stimmenthaltungen ausdrücklich[87]. Aus dem Fehlen einer Regelung kann nicht auf die

---

[84] So OVG Koblenz, AS Bd. 10, S. 55 LS 2, 58.

[85] Vgl. Schiedsgerichtsurteil, DÖV 1973, S. 852 LS 7, S. 856. Hier besteht das Problem, zulässige informelle Gespräche von Arbeitssitzungen, die die Ergebnisse der Ratsarbeit mitprägen, zu unterscheiden.

[86] *R. Scholz*, DÖV 1973, S. 845.

Zulässigkeit einer Stimmenthaltung geschlossen werden. Vielmehr ist das Stimmrecht des Mitgliedes eines Kollegialorganes eine Kompetenz, zu deren Wahrnehmung es verpflichtet ist; es darf sich wegen des gesetzlichen Auftrags dieser Verantwortung nicht entziehen[88]. Stimmenthaltungen stehen daher in Widerspruch zu dem Wesen eines Kollegialorgans[89]. Innerhalb des Sachverständigenrates können Stimmenthaltungen leicht zur Beschlußunfähigkeit des Rates führen[90], so daß jedenfalls in diesen Fällen Stimmenthaltungen im Interesse der Funktionsfähigkeit des Rates als unzulässig anzusehen sind[91].

cc) Unabhängigkeitsgarantie

§ 3 Abs. 1 SVRG formuliert noch einmal den bereits in § 1 Abs. 1 SVRG manifestierten Unabhängigkeitsgrundsatz für den Sachverständigenrat als ganzen, der damit auch — funktionsnotwendig — für die einzelnen Mitglieder gilt. Insbesondere wird die Unabhängigkeit der Sachverständigen nicht dadurch eingeschränkt, daß sie aus ihrer Mitte einen Vorsitzenden wählen, § 8 Abs. 2 SVRG. Diesem obliegt die Repräsentation des Rates nach außen, die Sitzungsleitung bei Beratungen und Koordinationsaufgaben innerhalb des Rates; inhaltliche Weisungsbefugnisse stehen dem Vorsitzenden nicht zu.

dd) Recht auf Anhörung von geeigneten Personen, §§ 4, 5 SVRG

Der Rat kann zur Durchführung seines Auftrags ihm geeignet erscheinende Personen, die fachlich zuständigen Bundesminister und den Präsidenten der Deutschen Bundesbank hören, §§ 4, 5 Abs. 1 SVRG; darüber hinaus kann er Amtshilfe von Bundes- und Landesbehörden anfordern, § 5 Abs. 3 SVRG. Diese Rechte stehen dem Rat als ganzem zu, d.h. über eine Aufforderung zur Stellungnahme wird durch Mehrheitsbeschluß entschieden.

Fraglich ist, ob ein Sachverständiger die Anhörung einer von ihm für bedeutsam gehaltenen Person auch gegen die Ratsmehrheit durchsetzen kann. Der Gesetzeswortlaut eröffnet diese Möglichkeit nicht. Es ist auch aus dem

---

[87] Die Zulässigkeit dieser Regelung wird vom BayVerfGH, BayVBl. 1984, S. 621 bejaht.

[88] *P. Dagtoglou*, Kollegialorgane, S. 139; ähnlich OVG Münster, WissR 1981, S. 268, 269, das in einem Habilitationsverfahren wegen des „grundsätzlichen Auftrags des Prüfers im Rahmen dieser Prüfungsentscheidung" eine Stimmenthaltung bei der Abstimmung über die Zulassung des Bewerbers zum Vortrag und zum Kolloquium für unzulässig erachtet. Auch innerhalb von kollegialen Spruchkörpern von Gerichten wird die Stimmenthaltung als unzulässig angesehen; vgl. *O.R. Kissel*, GVG, § 194 Rn. 4. Dagegen ist sie im Parlamentsrecht erlaubt, vgl. § 51 Abs. 2 S. 2, 52, S. 1 GeschOBT.

[89] *P. Dagtoglou*, a.a.O.

[90] Das kann bereits dann der Fall sein, wenn ein Mitglied sich enthält, etwa bei Patt-Situationen oder bei Abwesenheit anderer Mitglieder.

[91] Zur möglichen nachträglichen Änderung des Votums im Falle einer unzulässigen Stimmenthaltung vgl. *W. Heermann*, Der Gemeinderatsbeschluß, S. 242.

Gesetzeszweck nicht ersichtlich, daß dies zur unabhängigen Amtsausübung erforderlich wäre. Ob eine geeignet erscheinende Person dem Rat gegenüber eine Stellungnahme abgibt, ist dieser freigestellt; entsprechend kann auch ein einzelnes Ratsmitglied diese Personen informell um eine Stellungnahme zu sich aus seinem Auftrag ergebenden Fragen ersuchen. Aus § 5 Abs. 1 SVRG ergibt sich zwar eine Pflicht der dort Angesprochenen, sich dem Rat gegenüber zu äußern. Weil dadurch aber auch deren eigene Rechtsstellung berührt wird, ist eine über den Gesetzeswortlaut hinausgehende Pflicht nicht begründbar. Entsprechendes gilt für die Amtshilfe, § 5 Abs. 3 SVRG.

Aus den §§ 4 und 5 SVRG ergeben sich damit keine eigenständigen Mitgliedschaftsrechte. Die Ratsmitglieder haben lediglich das Recht, die Anhörung einer von ihnen gewünschten Person bzw. die Einholung von Amtshilfe im Ratsplenum zu beantragen, den Antrag zu begründen und eine Abstimmung hierüber herbeizuführen.

ee) Recht zur Äußerung einer abweichenden Meinung, § 3 Abs. 2 SVRG

Durch § 3 Abs. 2 SVRG wird einer Minderheit die Möglichkeit eingeräumt, abweichende Auffassungen zu einzelnen Fragen in den Gutachten zum Ausdruck zu bringen. Diese Möglichkeit des Minderheitsvotums ist die stärkste Rechtsposition des einzelnen Sachverständigen gegenüber der Ratsmehrheit. Die Auseinandersetzung um die Ausübung dieses Rechts war wesentlicher Anlaß für den ersten und bisher einzigen Rechtsstreit innerhalb des Rates. Der SVR hatte Voraussetzungen für die Abgabe eines Minderheitsvotums durch einen Beschluß formuliert[92], dessen Rechtswidrigkeit durch das Schiedsgerichtsurteil vom 21.5.1973[93] festgestellt wurde, weil dadurch „die Möglichkeit der Darstellung von Minderheitsauffassungen entgegen § 3 Abs. 2 SVRG eingeschränkt" werde[94].

---

[92] Ratsbeschluß vom 12.7.1968, zit. nach Abdruck des Schiedsgerichtsurteils in DÖV 1973, S. 852f.:

„... 1. Jedes Mitglied des Sachverständigenrates geht bei der gemeinsamen Arbeit davon aus, daß es ihm unbenommen ist, seine von der Mehrheit abweichende Meinung zu formulieren und für die Öffentlichkeit erkennbar zu machen. Diese Möglichkeit, ein Minderheitsvotum abzugeben, darf nach der übereinstimmenden Ansicht aller Mitglieder nicht dazu führen, daß die Arbeit des Rates blockiert und ihm die Erfüllung seines gesetzlichen Auftrags bis zur faktischen Unmöglichkeit erschwert wird.

Jedes Mitglied des Sachverständigenrats geht gleichermaßen davon aus, daß die Abgabe eines umfassenden Minderheitsvotums, das über die abweichende Auffassung zu einzelnen Fragen hinausgeht, gleichbedeutend ist mit einer Gefährdung der Existenz des Sachverständigenrates oder seiner derzeitigen Zusammensetzung.

Jedes Mitglied des Sachverständigenrates wird daher die Respektierung eines Minderheitsvotums nur dann verlangen, wenn es schwerwiegende Gründe dafür geltend machen kann. Lehnt die Mehrheit einen solchen Antrag ab, so wird dies den Antragsteller zu persönlichen Konsequenzen veranlassen".

[93] DÖV 1973, S. 852ff.

(1) Zweck der Regelung

In den Gesetzesmaterialien zum SVRG findet sich zum Minderheitsvotum keine einzige Äußerung[95]; offensichtlich wurde es als Selbstverständlichkeit angesehen, daß hochqualifizierte unabhängige Sachverständige ihre persönlichen Ansichten nicht hinter der Uniformität von Mehrheitsentscheidungen verstecken müssen[96]. Hierdurch wird das Gewicht eines jeden einzelnen Sachverständigen hervorgehoben und dessen persönliche Autorität unterstrichen[97]. Es entspricht der Natur eines Beratungsgremiums, daß es dem Beratenen nicht so sehr auf Beschlüsse, bestimmte Ergebnisse ankommt, sondern auf die Argumentation der Gutachten und damit auch auf die Unterschiede der Ansichten[98]. Die Richtigkeit wissenschaftlicher Meinungen kann nicht durch Abstimmung entschieden werden[99]. Angesichts des weiten Adressatenkreises wird hierdurch auch den verschiedenen Interessen der zu Beratenden Rechnung getragen. Durch die Möglichkeit der Minderheitsvoten wird verhindert, daß Argumente untergehen, die bei einem einheitlichen Gutachten nicht zum Ausdruck kämen[100]. Hinzu kommen die allgemeinen Gründe für die Zulassung von Minderheitsvoten auch bei Entscheidungsgremien wie etwa dem Bundesverfassungsgericht[101]. Die Veröffentlichung der Minderheitsmeinung dient der Publizität des Beratungsvorgangs[102] und ermöglicht so eine demokratische Kontrolle[103]. Der Diskussionsprozeß innerhalb des Kollegiums wird intensiviert, weil die Mehrheit die Mindermeinung nicht im Wege der „Abstimmung" erledigen kann, sondern sich im Gutachten damit

---

[94] Schiedsgerichtsurteil, a.a.O.

[95] Vgl. aber die Gesetzesbegründung zur Einführung des Minderheitsvotums durch § 30 Abs. 2 BVerfGG beim Bundesverfassungsgericht, BT-Dr. V/3816, S. 6f.

[96] Daß Minderheitsvoten nicht der deutschen Rechtstradition widersprechen (dazu BT-Dr. V/3816, S. 7) beweist § 144 II 10 des Preußischen Allgemeinen Landrechts von 1794, wonach sich Mitglieder von Kollegialorganen durch schriftliche Sondervoten von der Verantwortung für Geschäfte des Kollegiums befreien konnten. Ausführlich zur Geschichte von Kollegialorganen *J. Eggers*, S. 22ff.

[97] *E. Friesenhahn*, Referat zum 47. DJT, S. 52; R. Scholz, DÖV 1973; S. 845: „Jede wahrhaft sachverständige Beratung bedingt den wissenschaftlichen Dissens" und impliziert „Meinungspluralität".

[98] Vgl. *I. Berggreen*, S. 250; *H. Meinhold*, Sachverstand, S. 126.

[99] *G.T. Dietzel*, Wissenschaft und staatliche Entscheidungsplanung, S. 230.

[100] Vgl. *H. Meinhold* a.a.O.

[101] Hierfür wurde nach langer kontroverser Diskussion die Möglichkeit, eine abweichende Meinung in einem Sondervotum niederzulegen, durch § 30 Abs. 2 S. 1 BVerfGG im Jahre 1970 eröffnet; vgl. dazu die Gesetzesbegründung BT-Dr. V/3816, S. 6f.; *W. Geiger*, Die abweichende Meinung beim Bundesverfassungsgericht und ihre Bedeutung für die Rechtsprechung, in: Festschrift für M. Hirsch, S. 455ff. mwN. zum Diskussionsstand S. 457 Fn. 7; einen Überblick über die Erfahrungen mit dem Sondervotum beim BVerfG gibt *K.G. Zierlein*, DÖV 1981, S. 83ff.

[102] *H. Meinhold*, Sachverstand, S. 125f.

[103] *I. Berggreen*, S. 45f. mwN.

argumentativ auseinandersetzen muß[104]. Letztlich können möglicherweise in den Minderheitsvoten neue Entwicklungen sichtbar werden, aus denen sich in der Zukunft Mehrheitsmeinungen herausbilden könnten[105]. Zusammenfassend kann als Hauptzweck der Minderheitsvoten die umfassende Information der Beratenen angesehen werden[106].

(2) Anwendungsbereich des § 3 Abs. 2 SVRG

Das SVRG läßt Minderheitsvoten bei der Abfassung der Gutachten „zu *einzelnen* Fragen" zu. Für die Abfassung der Jahresgutachten bedeutet dies, daß der Minderheitsvotant kein umfassendes „Gegengutachten" erstellen darf[107]. Das Schiedsgericht problematisierte die Frage, ob aus dieser Gesetzesformulierung abzuleiten sei, daß das Recht zur abweichenden Meinung auf die „umfangreichen und zahlreichen Problembereichen gewidmeten Jahresgutachten" beschränkt sei[108], d.h. bei Sondergutachten ausgeschlossen sei. Ein solches Sondergutachten zur Frage von pro und contra einer DM-Aufwertung war auch Anlaß für den Rechtsstreit zwischen dem Sachverständigen Prof. Dr. Stützel und der Ratsmehrheit[109]. Bereits der Wortlaut der Norm schließt eine Anwendung auf Sondergutachten nicht aus. Diese werden meist nur zu einzelnen Fragen erstattet[110], so daß zu diesen einzelnen Fragen, d.h. im Ergebnis zum gesamten Sondergutachten, auch Minderheitsvoten erstattet werden können. Im übrigen spricht § 3 Abs. 2 SVRG lediglich von Gutachten; eine Differenzierung zwischen den jährlich zu erstattenden Gutachten (§ 6 Abs. 1 SVRG) und den „zusätzlichen Gutachten" (§ 6 Abs. 2 SVRG) wird gesetzessystematisch erst an späterer Stelle vorgenommen, wobei grammatisch lediglich durch einen Zusatz der Anlaß des jeweiligen Gutachtens ausgedrückt wird, ohne daß die einheitliche Verwendung des Substantivs „Gutachten" in den §§ 3 Abs. 2 und 6 SVRG aufgegeben wird[111]. Letztlich läßt auch der Gesetzeszweck für die Minderheitsvoten keine Differenzierung zwischen Jahres- und Sondergutachten erkennen. Beide dienen der Unterrichtung der Beratungsadressaten auch über einen Dissens innerhalb des Rates[112]. Im Ergebnis ist daher für jedes Gutachten

---

[104] *I. Berggreen*, S. 54f. mwN.

[105] *I. Berggreen*, S. 52; *G.T. Dietzel*, Wissenschaft und staatliche Entscheidungsplanung, S. 54f.; BT-Dr. V/3816, S. 7; ablehnend zur Entwicklung der Rechtsprechung *K. Stern*, Staatsrecht II, S. 1043.

[106] *G.T. Dietzel*, a.a.O., S. 155; krit. *K. Wegner*, S. 102f., insbes. Fn. 104.

[107] Schiedsgerichtsurteil, DÖV 1973, S. 854.

[108] Schiedsgerichtsurteil, a.a.O.

[109] Das Sondergutachten wurde dem Bundeskanzler am 3.7.1968 mündlich ohne die abweichende Meinung des Ratsmitglieds Stützel vorgetragen und erst 1½ Jahre später als Anhang des JG 1969 (BT-Dr. VI/100, S. 119f.) veröffentlicht.

[110] Schiedsgerichtsurteil, a.a.O.

[111] Schiedsgerichtsurteil, a.a.O.

[112] Schiedsgerichtsurteil, a.a.O.

des Sachverständigenrates und damit für die gesamte Beratungstätigkeit[113] die Äußerung einer abweichenden Auffassung zulässig.

(3) Themen und Umfang der Minderheitsvoten

Fraglich ist, worauf die *einzelnen Fragen*, zu denen abweichende Auffassungen vertreten werden können, zu beziehen sind.

Der Gesetzeswortlaut, der sich auf die „Abfassung der Gutachten" bezieht, könnte so verstanden werden, daß die einzelnen Fragen, zu denen ein Minderheitsvotum ergehen kann, im Gutachten angesprochen sein müssen. Eine solche Auslegung würde aber dem weiten Beratungsauftrag widersprechen. So kann etwa der Dissens über eine mögliche Fehlentwicklung, die die Ratsmehrheit nicht anspricht, weil sie sie nicht für problematisch erachtet, für den Entscheidungsträger von erheblicher Bedeutung sein. Deshalb ist § 3 Abs. 2 SVRG so auszulegen, daß die Minderheit *bei Gelegenheit* der Abfassung der Gutachten abweichende Auffassungen zu Fragen des gesetzlichen Auftrags (§ 2 SVRG) äußern kann, der allerdings auch den äußersten Rahmen für die Themen der Sondervoten darstellt[114]. Den Umfang der Minderheitsvoten will das Schiedsgericht begrenzen, indem es konstatiert, daß sie in einem angemessenen Verhältnis zum Umfang der Mehrheitsgutachten stehen müßten[115]. Der Gesetzeswortlaut gibt hierfür keinen Anhaltspunkt, außer daß die Minderheitsvoten nur zu einzelnen Fragen und damit nicht als komplette „Gegengutachten" ergehen sollen. In der Praxis wird schon aus Kapazitätsgründen[116] kein einzelner Gutachter in der Lage sein, den Umfang des „Mehrheitsgutachtens", mittlerweile bereits mehr als 300 Druckseiten, zu erreichen. Aber bezogen auf die „einzelnen Fragen" besteht kein Anlaß, Umfangsbeschränkungen vorzusehen, da der Zweck der Beratung eine verständliche Argumentation erfordert; wenn die Formulierung einer abweichenden Auffassung schwieriger und aufwendiger ist als die Darstellung der Mehrheitsmeinung, kann sie durchaus einen größeren Raum einnehmen. Das kann bei Sondergutachten, die sich nur mit einer einzelnen Frage beschäftigen, dazu führen, daß die abweichende Auffassung einen größeren Umfang beansprucht als die Mehrheitsmeinung.

Grenze ist hierbei lediglich das allgemeine Mißbrauchsverbot[117]. Eine Kontrolle dieser Grenzen durch die Ratsmehrheit findet aber nicht statt; ihr steht keine „Aufsichtsbefugnis" über die Minderheit zu[118]. Der dissentierende Sachverständige entscheidet allein über Thema und Umfang seiner abweichen-

113 S.o. Teil B. II.

114 Schiedsgerichtsurteil, a.a.O.

115 Schiedsgerichtsurteil, DÖV 1973, S. 852 LS 4, S. 854.

116 Vgl. *I. Berggreen*, S. 57.

117 Schiedsgerichtsurteil, a.a.O.; vgl. auch *I. Berggreen*, S. 56.

118 Schiedsgerichtsurteil, DÖV 1973, S. 855 mwN.

den Auffassung; er ist insoweit ein der Ratsmehrheit gleichgeordnetes Teilorgan[119].

(4) Verfahren und Plazierung

In dem bereits zitierten Beschluß des Sachverständigenrats[120] wird deutlich, daß der Rat der Ansicht war, ein Mehrheitsvotum müsse „beantragt" werden; die Respektierung könne nur verlangt werden, wenn das dissentierende Mitglied dafür „schwerwiegende Gründe" geltend machen könne. Im SVRG bestehen hierfür keine Anhaltspunkte. Als Grund für ein Minderheitsvotum wird lediglich vorausgesetzt, daß die Minderheit eine abweichende Auffassung vertritt, worüber allein das dissentierende Mitglied entscheiden kann, nicht aber das Kollegium. Das Recht, abweichende Auffassungen zu äußern, ist auch für die einzelnen Mitglieder nicht disponibel; das Minderheitsrecht ist ein Organrecht, das im Interesse der zu Beratenden besteht, so daß der jeweilige Organwalter hierüber nicht verfügen kann. Zwar sind die Sachverständigen selbstverständlich nicht *verpflichtet*, von diesem Recht Gebrauch zu machen; sie können aber nicht durch allgemeinen — wenn auch einstimmigen — Beschluß, etwa in Form einer Geschäftsordnungsänderung (§ 8 Abs. 3 SVRG), hierauf verzichten oder zusätzliche materielle Anforderungen aufstellen[121]. Ein „Antragsverfahren" mit mehrheitlicher Beschlußfassung über die Zulassung des Minderheitsvotums ist mit dem Gesetz nicht vereinbar. Die Entscheidung über den Gebrauch des Minderheitsrechts bleibt dem „wissenschaftlichen Gewissen" des jeweiligen Sachverständigen überlassen[122]. Auch die Plazierung der abweichenden Meinung innerhalb der Gutachten steht nicht zur Disposition der Mehrheit. § 3 Abs. 2 SVRG sieht vor, daß sie in den Gutachten zum Ausdruck zu bringen ist, d.h. ein einheitliches Gutachten erstellt wird und nicht ein Mehrheitsgutachten mit einer Minderheitsmeinung im „Anhang"[123].

Im Interesse einer umfassenden Information der Adressaten der Gutachten sind die abweichenden Auffassungen jeweils an der Stelle zu plazieren, an denen die einzelnen Fragen behandelt werden, über die Dissens besteht[124].

---

[119] *R. Scholz*, DÖV 1973, S. 845.

[120] S.o. Fn. 91.

[121] Schiedsgerichtsurteil, a.a.O.

[122] Schiedsgerichtsurteil, a.a.O.

[123] Vgl. dazu die Kritik des ehemaligen Ratsmitglieds *Glastetter*, der seinen Rücktritt im Jahre 1981 damit begründete, daß er keine Möglichkeit sah, auch „wissenschaftliche Alternativkonzepte in das Gutachten selbst" einzubringen, so daß ihm „im Grunde keine andere Wahl blieb, als den Ausweg in das Minderheitsvotum zu suchen, womit dann praktisch ein alternatives Konzept gewissermaßen im Anhang notiert wird", Frankfurter Rundschau vom 2.9.1981.

[124] In der Praxis geschieht dies zwar meistens, aber nicht immer.

ff) Verfahrensrechte aus der Geschäftsordnung

Die Geschäftsordnung, die der Rat sich nach § 8 Abs. 3 SVRG gegeben hat, kann als untergesetzliche Norm keine Abänderung der aus dem SVRG selbst folgenden Rechte und Pflichten vornehmen, wohl aber aufgrund der gesetzlichen Ermächtigung das interne Verfahren im Sachverständigenrat regeln und dadurch Verfahrensrechte der Sachverständigen begründen. Zu nennen ist hier etwa das Recht, die Einberufung von Sitzungen des SVR zu verlangen und die Möglichkeit, auf die Tagesordnung Einfluß zu nehmen[125].

IV. Pflichten der Ratsmitglieder

Ohne daß dies ausdrücklich normiert ist, ergibt sich aus dem Status der Ratsmitglieder die allgemeine Pflicht, den gesetzlichen Auftrag des SVRG, der dem Rat als Kollegium erteilt wurde, zu erfüllen, d.h. an den Gutachten mitzuarbeiten.

Im Gesetz festgeschrieben ist einzig die Pflicht zur Verschwiegenheit über die Beratungen, die vom Rat als vertraulich bezeichneten Unterlagen und die dem Rat als vertraulich gegebenen Informationen, § 10 SVRG.

Sanktionen zur Erfüllung der Pflicht sind im SVRG nicht vorgesehen. Auch die Geheimschutznormen des StGB greifen hier nicht. Abgesehen von den tatbestandlichen Problemen des § 353 b Abs. 1 und 2 StGB[126] zeigt sich an dem Erfordernis einer Verfolgungsermächtigung nach § 353 b Abs. 4 StGB deutlich, daß der Rat nicht in die gängigen hierarchischen Behördenkategorien paßt. Die Vorschrift setzt voraus, daß die Ermächtigung zur Verfolgung der Tat von dem Präsidenten eines Gesetzgebungsorgans oder einer obersten Bundes- (oder Landes-)behörde zu erteilen ist, die dem Beschuldigten jeweils hierarchisch übergeordnet ist[127]. Mangels hierarchischer Unterordnung des Rates[128] läßt sich eine solche Stelle nach § 353 b Abs. 4 StGB nicht bestimmen. Wegen des aus dem Rechtsstaatsprinzip und Art. 103 Abs. 2 GG folgenden Verbots strafverschärfender oder strafbegründender Rechtsfortbildung[129] könnte ohne entspre-

[125] Die Geschäftsordnung vom 6.3.1964 wurde bisher nicht veröffentlicht. Vgl. auch den Vorschlag von *G. T. Dietzel* für Beiratssatzungen, in: Wissenschaft und staatliche Entscheidungsplanung, S. 399ff.

[126] Bereits an der Amtsträgereigenschaft der Ratsmitglieder bestehen erhebliche Zweifel, s.o. Teil F. II. Auch wenn aufgrund des § 10 S. 1 SVRG interne Beratungen als Schutzgut des § 353 b Abs. 1 StGB angesehen werden können, ist eine Gefährdung wichtiger öffentlicher Interessen nicht absehbar. Äußerstenfalls könnte die Preisgabe von vertraulichen Informationen, die von anderer amtlicher Stelle an den Rat weitergegeben wurden, § 353 b Abs. 2 StGB unterfallen.

[127] *E. Dreher/H. Tröndle*, StGB, 43. Aufl. 1986, § 353 b Rn. 18.

[128] S.o. Teil C. II. 1. b).

[129] *Ph. Kunig*, in: v. Münch, GG, Bd. III, Art. 103 Rn. 2.

chende gesetzliche Regelung keine wirksame Ermächtigung zur Strafverfolgung eines Mitglieds des Sachverständigenrates erteilt werden.

V. Die Durchsetzbarkeit der Mitgliedschaftsrechte

Während für die Durchsetzbarkeit der persönlichen Rechte der Ratsmitglieder, das sind der Anspruch auf pauschale Entschädigung und Reisekostenersatz[130], die Vorschriften der VwGO ohne weiteres anwendbar sind, da es sich insoweit um Streitigkeiten des „Außenrechts" handelt, ist besonders zu erörtern, ob und inwieweit im Streitfalle die organschaftlichen Mitgliedschaftsrechte durchsetzbar sind. Da eine dem Rat übergeordnete weisungsbefugte Aufsichtsbehörde fehlt[131], ist zu prüfen, ob hierfür der Verwaltungsrechtsweg eröffnet ist bzw. stattdessen, wie bereits geschehen, ein Schiedsgericht mit der Streitschlichtung beauftragt werden kann.

1. Klage vor dem Verwaltungsgericht

Daß es sich nicht nur bei Inter-, sondern auch bei *Intra*-Organstreitigkeiten[132], d.h. Streitigkeiten innerhalb desselben staatlichen Organs zwischen dessen Teilen bzw. Mitgliedern, um öffentlich-rechtliche Streitigkeiten handelt, ist heute unbestritten[133]. Fraglich ist aber, inwieweit die aufgezeigten Mitgliedschaftsrechte auch „wehrfähig", d.h. tatsächlich durchsetzbar sind[134]. Eine generell anwendbare Methode zur „Ermittlung klagbarer Mitgliedschaftsrechte" ist bisher noch nicht entwickelt worden[135]. Nach der in der Rechtsprechung entwickelten Kasuistik werden gerichtlich durchsetzbare Mitgliedschaftsrechte anerkannt in repräsentativ zusammengesetzten Gremien wie etwa Gemeinderäten, Kammerversammlungen oder in nach bestimmten gesellschaftlichen bzw. Interessengruppen zusammengesetzten Organen wie etwa Rundfunkräten oder dem Beschlußgremium der Bundesprüfstelle für jugendgefährdende Schriften[136]. Diese Kriterien, die etwa in einem Wirtschaftsratsmodell zutreffen würden[137], sind auf den Sachverständigenrat nicht übertragbar, da die unabhängigen Sachverständigen eben keine Interessenvertreter sein sollen. Gleichwohl hat die im Schiedsgerichtsurteil vom 21.5.1973[138] stillschweigend vorausgesetzte Wehrfähigkeit der Mitgliedschaftsrechte innerhalb des SVR weitgehend Zu-

[130] S.o. Teil F. III. 1.

[131] S.o. Teil E. I.

[132] Vgl. zum Begriff *W. Hoppe*, Organstreitigkeiten, S. 120.

[133] Vgl. die Nachweise oben Teil E. II. 2. b).

[134] Vgl. dazu bereits oben Teil E. II. 2. c).

[135] *F. Schoch*, JuS 1987, S. 791.

[136] Vgl. dazu *E. Schreyer*, S. 17f.

[137] Siehe dazu oben Teil A. III. 1.

[138] DÖV 1973, S. 852ff.

stimmung gefunden[139]. Maßgebend hierfür ist, daß nach dem Gesetzeszweck des SVRG die einzelnen Sachverständigen eine gesteigerte Unabhängigkeitsposition[140] innehaben, die jedem Einzelnen für die Willensbildung des Kollegiums eine besondere Stellung einräumt. Das wird auch nach außen dadurch dokumentiert, daß die abweichende Meinung des Einzelnen veröffentlicht wird. Hierdurch ist der wissenschaftliche Dissens verfahrensrechtlich so weit institutionalisiert, daß daraus die Rechtsmacht des einzelnen Mitglieds gefolgert werden kann, seine mitgliedschaftlichen Kompetenzen auch dem Kollegium gegenüber durchzusetzen[141]. Damit ist die „Wehrfähigkeit" der dem einzelnen Mitglied des Sachverständigenrates durch das SVRG verliehenen mitgliedschaftlichen Rechtsposition und der daraus folgenden Einzelrechte[142] zu bejahen[143].

2. Zulässigkeit von Schiedsgerichtsvereinbarungen

Wegen offensichtlich bestehender Unsicherheiten u.a. auch prozessualer Art schloß der Sachverständigenrat auf Vorschlag des Bundeswirtschaftsministers mit einem ehemaligen Mitglied einen Vertrag, wonach ein Schiedsgericht zur Klärung interner Streitigkeiten eingesetzt werden sollte[144]. Hierbei handelte es sich um ein sog. „echtes" Schiedsgericht, d.h. um eine auf einem öffentlich-rechtlichen Vertrag beruhende nichtstaatliche Stelle, der sich die Parteien zur Schlichtung eines Streites um ein konkretes Rechtsverhältnis auf dem Gebiet des öffentlichen Rechts unterwerfen und deren Besetzung und Verfahren von den Parteien bestimmt wird[145]. Eine wirksame Schiedsabrede schließt nicht den Verwaltungsrechtsweg nach § 40 VwGO aus, sondern begründet ein Prozeßhindernis im Verwaltungsprozeß[146]. Die Zulässigkeit von Schiedsabreden im Bereich des öffentlichen Rechts wird heute im Grundsatz nicht mehr bestritten[147]. Sie werden auch durch die VwGO anerkannt, §§ 168 Abs. 1 Nr. 5, 187 Abs. 1. Zur näheren Ausgestaltung werden über die Generalverweisung des § 173 VwGO die §§ 1025ff. ZPO entsprechend herangezogen.

---

[139] Vgl. etwa *H. Bethge*, DVBl. 1980, S. 313; *ders.* DV Bd. 8 (1975), S. 464, 469; *H.-J. Papier*, DÖV 1980, S. 293; *R. Scholz*, DÖV 1973, S. 845; krit. *G. Püttner*, S. 132f., 134.

[140] So *G. Püttner*, S. 134.

[141] *H. Bethge*, DV Bd. 8 (1975), S. 464; *ders.* DVBl. 1980, S. 313; *F. Schoch*, JuS 1987, S. 786.

[142] S.o. Teil F. III. 2.

[143] Zu den prozessualen Fragen s.o. Teil E. II. 2. e)-g).

[144] Vgl. den Urteilsabdruck in DÖV 1973, S. 852ff.

[145] Vgl. *R. Woltereck*, Die Erledigung verwaltungsgerichtlicher Streitigkeiten durch Schiedsgerichte, 1965, S. 20ff.; *ders.*, DÖV 1966, S. 323; *H. Weidemann*, Schiedsgerichtsbarkeit in verwaltungsrechtlichen Streitsachen, 1968, S. 29; zusammenfassend *Chr. Loos*, Die Schiedsgerichtsbarkeit in der Verwaltungsgerichtsbarkeit, 1984, S. 15ff. mwN.

[146] *F. Kopp*, VwGO, § 40 Rn. 56; *E. Eyermann/L. Fröhler*, VwGO, § 40 Rn. 111; *K. Redeker/H.J. v. Oertzen*, VwGO, § 40 Rn. 79.

[147] Vgl. nur *K. Stern*, Staatsrecht II, § 43 III. 3. mwN.; krit. *P.-J. Tettinger*, Rechtsanwendung, S. 321f.

Im einzelnen ist der Anwendungsbereich von Schiedsvereinbarungen allerdings umstritten. Für eine Einschränkung des Anwendungsbereiches wird vor allem Art. 19 Abs. 4 GG fruchtbar gemacht; so hält *D. Lorenz* die Ausübung der Schiedsgerichtsbarkeit im sachlichen Geltungsbereich dieser Vorschrift für ausgeschlossen, soweit es um die Realisierung des Individualrechtsschutzes geht[148]. Dieser Gesichtspunkt bedarf allerdings keiner näheren Untersuchung, da bei einem Streit um Mitgliedschaftsrechte Art. 19 Abs. 4 GG nicht eingreift. Es handelt sich insoweit um eine innerorganisatorische Rechtsstreitigkeit; im Innenbereich sind aber die Grundrechte ebensowenig anwendbar[149] wie Art. 19 Abs. 4 GG[150]. Eine allerdings auch innerorganisatorisch wirkende Schranke ergibt sich aus dem aus dem Rechtsstaatsprinzip folgenden Grundsatz des Vorrangs des Gesetzes[151]. Durch Schiedsvertrag kann nur insoweit die weitere gerichtliche Kontrolle ausgeschlossen werden, als dieser sich auf disponibles Recht bezieht. Zwingendes Gesetzesrecht ist dagegen nicht durch einen öffentlich-rechtlichen Vertrag modifizierbar[152] und damit auch nicht dem Spruch eines auf öffentlich-rechtlichem Vertrag basierenden Schiedsgerichts zugänglich. Dieses Ergebnis wird auch mit §§ 1025 Abs. 1 ZPO, 106 VwGO begründet, wonach Vergleiche nur insoweit zulässig sind, als die Parteien über den Gegenstand des Streites verfügen können[153]. Auf das SVRG angewendet bedeutet dies, daß nur die Bereiche dieses organisationsrechtlichen Regelungskomplexes einer schiedsgerichtlichen Schlichtung zugänglich sind, in denen den beteiligten Organisationseinheiten eine Dispositionsbefugnis ausdrücklich eingeräumt ist. Das ist nach § 8 Abs. 3 SVRG, wonach der SVR sich eine Geschäftsordnung gibt, lediglich im Bereich des internen Verfahrens der Fall. Im übrigen enthält das SVRG zwingendes Gesetzesrecht, das nicht von den Ratsmitgliedern im Wege des öffentlich-rechtlichen Vertrages modifiziert werden kann. Bezogen auf das im Schiedsgerichtsverfahren von 1973 in Streit stehende Recht zur Äußerung einer abweichenden Meinung hat dies zur Folge, daß die Entscheidung darüber, ob hiervon Gebrauch gemacht wird, immer dem jeweiligen Mitglied überlassen bleiben muß und insoweit auch nicht einverständlich oder durch ein Schiedsgericht zusätzliche materielle Erfordernisse aufgestellt werden dürfen. Erstreckt sich ein Schiedsspruch unzulässigerweise

---

148 *D. Lorenz*, Der Rechtsschutz des Bürgers und die Rechtsweggarantie, 1973, S. 211.

149 S.o. Teil F. III. 2. a).

150 BVerfGE 39, S. 302, 316; *E. Schmidt-Aßmann*, in: Th. Maunz/G. Dürig, GG, Art. 19 IV Rn. 42, 177; *H. Bethge*, Grundrechtsberechtigung, S. 126ff. mwN.; *F. Schoch*, JuS 1987, S. 789; *W. R. Schenke* in: BK, Art. 19 Abs. 4 Rn. 32ff.; a.A. wohl *H.-U. Erichsen*, VerwArch Bd. 65 (1974), S. 318.

151 Dazu *K. Stern*, Staatsrecht I, 2. Aufl., S. 802f.

152 Vgl. *K. Stern*, a.a.O.; *H.-U. Erichsen/W. Martens*, S. 292f.; *P. Stelkens/H.J. Bonk/K. Leonhardt*, VwVfG, § 54 Rn. 47.

153 Etwa Schiedsgerichtsurteil vom 21.5.1973, DÖV 1973, S. 854 mwN.; *K. Redeker/H.J. v. Oertzen*, VwGO, § 40 Rn. 79; *F. Kopp*, § 40 Rn. 56; *Chr. Loos*, S. 49; *E. Eyermann/L. Fröhler*, VwGO, § 106 Rn. 3; *R. Woltereck*, DÖV 1966, S. 325; differenzierend *H. Weidemann*, S. 108ff.

auf zwingendes Gesetzesrecht, kann er insoweit jedenfalls nicht die Wirkung der §§ 173 VwGO, 1027 a ZPO — Unzulässigkeit der gerichtlichen Klage — entfalten.

VI. Beendung der Mitgliedschaft

Die Mitgliedschaft im Sachverständigenrat wird regelmäßig kraft Gesetzes beendet durch Zeitablauf, ohne daß es eines konkretisierenden Verwaltungsaktes bedarf, ähnlich etwa wie bei Beamten auf Zeit[154]. Die Dauer der Mitgliedschaft wird berechnet nach § 7 Abs. 1 SVRG. Scheidet ein Ratsmitglied vorzeitig aus, wird dessen Nachfolger jeweils nur für die restliche Amtszeit des Ausgeschiedenen berufen, damit der Rhythmus des § 7 Abs. 1 S. 2 SVRG, wonach zum ersten März eines jeden Jahres ein Mitglied ausscheidet, beibehalten wird.

Daneben kann der Sachverständige seine Mitgliedschaft durch Erklärung gegenüber dem Bundespräsidenten beenden. In der Praxis wurde hiervon bereits mehrfach Gebrauch gemacht, teilweise, wenn Auseinandersetzungen im Rat hierzu den Anlaß lieferten, wie etwa im Fall Stützel[155] oder im Fall Glastetter[156], mit erheblicher Öffentlichkeitswirkung. Bei dieser Erklärung gegenüber dem Bundespräsidenten handelt es sich um eine einseitige, empfangsbedürftige öffentlich-rechtliche Willenserklärung[157], die den gewünschten Erfolg, die Beendung des mitgliedschaftlichen Rechtsverhältnisses unmittelbar herbeiführt. Eine staatliche Mitwirkung etwa in Form einer Bestätigung o.ä. (abgesehen von der Entgegennahme der Erklärung) ist nicht erforderlich[158]. Mit der Beendung des Status enden auch alle mitgliedschaftlichen Rechte und Pflichten. Lediglich persönliche Ansprüche, etwa auf Zahlung der Entschädigungspauschale, wirken, soweit noch nicht erfüllt, fort. Auch die Verschwiegenheitspflicht nach § 10 SVRG bleibt nach Erlöschen des Status bestehen.

---

[154] Dazu *U. Battis*, BBG, 1980, § 176 a Anm. 3.

[155] S. dazu die Nachweise bei *K. Wegner*, S. 7, Fn. 4 - 6.

[156] Siehe dazu *S. Matern-Rehm*, Wirtschaftswoche 1981, Nr. 38, S. 50ff.; Die Zeit vom 4.9.1981 (Nr. 37); FR vom 2.9.1981; FAZ vom 2.9.1981; SZ vom 2.9.1981; hierzu die Stellungnahme des Rats, JG 1981/82 (BT-Dr. 9/1061),Vorwort Tz. 5.

[157] Zum Begriff vgl. *M. Middel*, Öffentlich-rechtliche Willenserklärungen von Privatpersonen, 1971, S. 22f.; *H.-U. Erichsen/W. Martens*, § 10 II (S. 136ff.).

[158] Vgl. *D. Middel*, S. 33f.

Zusammenfassung in Thesen

A.

1. Der Sachverständigenrat zur Begutachtung der gesamtwirtschaftlichen Entwicklung ist konzipiert als unabhängiges wissenschaftliches Sachverständigengremium, das keine Elemente einer Repräsentanz der wichtigsten wirtschaftspolitisch relevanten gesellschaftlichen Gruppen enthält.
   Hierdurch unterscheidet er sich von den — insbesondere im Ausland verbreiteten — am Wirtschaftsratsmodell orientierten Gremien, die nicht in erster Linie die Erarbeitung von — nach wirtschaftswissenschaftlichen Kriterien — optimalen Problemlösungsvorschlägen zum Ziel haben, sondern politische Interessenabwägungen vornehmen, aufgrund deren die politisch am leichtesten durchsetzbaren Lösungen erkennbar werden.
2. Von den anderen Beratungsgremien wie etwa den Beiräten der Ministerien oder dem amerikanischen CEA unterscheidet sich der SVR dadurch, daß er nicht einer Staatsgewalt (i.d.R. der Exekutive) zugeordnet ist.
3. Somit kann festgestellt werden, daß der deutsche Sachverständigenrat zur Begutachtung der gesamtwirtschaftlichen Entwicklung in den westlichen Industriestaaten das einzige „echte“ zentrale wirtschaftswissenschaftliche Sachverständigengremium darstellt, das mit einer gesetzlich garantierten und auch faktisch vorhandenen Unabhängigkeit von den Staatsgewalten ausgestattet ist. Allein die ihm nachgebildete deutsche Monopolkommission hat eine vergleichbare Rechtsstellung.

B.

4. Aus der zentralen Stellung, die die Gutachten in der Konzeption des SVRG einnehmen, ist zu folgern, daß der Schwerpunkt der Beratung in den zu veröffentlichenden Gutachten liegen soll; andere Beratungsformen schließt das SVRG jedoch nicht ausdrücklich aus.
   Werden andere Beratungsformen gewählt, wie etwa die Mitwirkung von SVR-Mitgliedern in anderen Gremien, Gespräche mit Verbänden o.ä., muß gewährleistet sein, daß die innerhalb des Rates bestehenden Minderheitspositionen hinreichend zum Ausdruck kommen und der Grundsatz der Öffentlichkeit der Beratung eingehalten wird.
5. Bei der Gewichtung der Rangfolge der Ziele des „magischen Vierecks“ bleibt es dem wissenschaftlichen Urteil des Rates überlassen, welchem Ziel er die

größte Aufmerksamkeit zuwendet; die vom SVR praktizierte „gefährdungsbestimmte Rangfolge“ ist mit dem SVRG vereinbar.

6. Bei Auslegung der gesetzlichen Zielformulierungen für die Beratung sind die Vorgaben der Verfassung, insbesondere Art. 109 Abs. 2 GG und das sozialstaatliche Prinzip des Grundgesetzes, zu beachten. So ist insbesondere das Erfordernis sozialer Gerechtigkeit bei der Verfolgung der Teilziele des „gesamtwirtschaftlichen Gleichgewichts“ gleichrangig zu berücksichtigen.

7. Das Problem der gerechten Verteilung stellt sich auch für die durch wirtschaftliche Tätigkeit entstehenden Belastungen, die nur schwer quantifizierbar sind (z.B. Umwelt- und Gesundheitsschäden) und nicht beim „Nutzer“ entstehen; sie werden in der herkömmlichen, volkswirtschaftlichen Gesamtrechnung nur unzureichend berücksichtigt.

8. Der gesetzliche Auftrag, Möglichkeiten zur Vermeidung oder Beseitigung von Fehlentwicklungen aufzuzeigen, steht in einem Spannungsverhältnis zum Verbot, Empfehlungen für bestimmte wirtschafts- und sozialpolitische Maßnahmen auszusprechen. Werden unter „bestimmten“ Empfehlungen lediglich konkrete tagespolitische Maßnahmen verstanden, so kann die Beachtung des Empfehlungsverbots den SVR durchaus vor parteipolitischer Vereinnahmung schützen, ohne daß die Wirksamkeit der Beratung beeinträchtigt wird.

C.

9. Der Sachverständigenrat nimmt mit der Beratung von Parlament und Regierung unmittelbar staatliche Aufgaben wahr; auch wenn er darüber hinaus die „Öffentlichkeit“ berät, ist seine Tätigkeit insgesamt dem staatlichen Bereich zuzuordnen.

10. Der SVR ist organisationsrechtlich als oberstes Bundesorgan zu qualifizieren. Hierbei wird ein Organbegriff zugrundegelegt, der die innenrechtliche unabhängige Stellung des Rates gegenüber anderen Staatsorganen berücksichtigt.

11. Er ist aufgrund seiner lediglich einfachgesetzlichen Institutionalisierung aber nicht als Verfassungsorgan einzuordnen.
Auch nimmt er mit der Unterstützung anderer Verfassungsorgane nicht faktisch deren Funktionen wahr.

D.

12. Die Errichtung des SVR als Staatsorgan, das weder der Exekutive noch der Legislative zuzuordnen ist, verstößt weder gegen den Gewaltenteilungsgrundsatz noch gegen Art. 65 GG. Die Ratsmitglieder sind für ihre Tätigkeit angesichts der Ernennung durch den Bundespräsidenten mittelbar demokratisch legitimiert.

Die gesetzlich garantierte Unabhängigkeit des Rates schränkt die parlamentarischen Kontrollmöglichkeiten nicht unzulässig ein; vielmehr findet die Unabhängigkeit wissenschaftlicher Beratung in Art. 5 Abs. 3 GG eine verfassungsrechtliche Absicherung.

E.

13. Eine staatliche Aufsicht über den Rat durch Organe der Exekutive oder Legislative findet mangels gesetzlicher Grundlage und wegen fehlender hierarchischer Unterordnung des Rates nicht statt.
14. Dagegen ist die rechtliche Kontrolle der Ratstätigkeit durch die Verwaltungsgerichte möglich, soweit andere Bundesorgane geltend machen können, durch rechtswidrige Handlungen des Rates in ihren eigenen wehrfähigen Organrechten verletzt zu sein.

F.

15. Die bisherige Praxis, je einen den Arbeitgeberverbänden bzw. den Gewerkschaften nahestehenden Sachverständigen in den Rat zu berufen, gefährdet nicht die Unabhängigkeit des Rates und ist mit dem SVRG vereinbar.
16. Die Berufung zum Mitglied des Sachverständigenrates ist als mitwirkungsbedürftiger Verwaltungsakt zu qualifizieren.
    Durch die Berufung wird ein öffentlich-rechtliches Amtsverhältnis eigener Art begründet. Die Mitglieder sind damit keine Beamten im statusrechtlichen Sinne, üben aber ein öffentliches Amt iSd Art. 34 GG aus.
17. Die Ratsmitglieder haben ein Recht auf gleichberechtigte Teilhabe an der Arbeit des Rates.
18. Sie haben nicht nur ein Stimmrecht, sondern auch die Pflicht, angesichts des Erfordernisses einer qualifizierten Mehrheit von drei Stimmen für Beschlüsse des Rates diese nicht durch Stimmenthaltung zu blockieren.
19. Die dem Rat als Kollegium garantierte Unabhängigkeit erstreckt sich auch auf die einzelnen Mitglieder.
20. Das Recht, in den Gutachten von der Mehrheitsmeinung abweichende Auffassungen zu vertreten, bezieht sich auch auf Sondergutachten.
    Über Thema und Umfang eines Minderheitsvotums entscheidet allein das dissentierende Ratsmitglied; eine „Aufsicht“ durch die Ratsmehrheit findet hierbei nicht statt. Begrenzt wird das Minderheitsrecht lediglich durch das allgemeine Mißbrauchsverbot.
21. Die Mitgliedschaftsrechte des einzelnen Sachverständigen sind gegenüber dem Kollegium „wehrfähig“, so daß die durch das SVRG eingeräumten mitgliedschaftlichen Kompetenzen im Wege des „Intra-Organstreitverfahrens“ vor den Verwaltungsgerichten durchsetzbar sind.

Anhang

Gesetz über die Bildung eines Sachverständigenrates zur Begutachtung der gesamtwirtschaftlichen Entwicklung

vom 14. August 1963 (Bundesgesetzbl. I S. 685)

in der Fassung des Gesetzes zur Änderung des Gesetzes über die Bildung eines Sachverständigenrates zur Begutachtung der gesamtwirtschaftlichen Entwicklung vom 8. November 1966 (Bundesgesetzbl. I S. 633) — § 6 Abs. 1 —, und des Gesetzes zur Förderung der Stabilität des Wachstums der Wirtschaft, vom 8. Juni 1967 (Bundesgesetzbl. I S. 582) — § 6 Abs. 2 —

Der Bundestag hat das folgende Gesetz beschlossen:

§ 1

(1) Zur periodischen Begutachtung der gesamtwirtschaftlichen Entwicklung in der Bundesrepublik Deutschland und zur Erleichterung der Urteilsbildung bei allen wirtschaftspolitisch verantwortlichen Instanzen sowie in der Öffentlichkeit wird ein Rat von unabhängigen Sachverständigen gebildet.

(2) Der Sachverständigenrat besteht aus fünf Mitgliedern, die über besondere wirtschaftswissenschaftliche Kenntnisse und volkswirtschaftliche Erfahrungen verfügen müssen.

(3) Die Mitglieder des Sachverständigenrates dürfen weder der Regierung oder einer gesetzgebenden Körperschaft des Bundes oder eines Landes noch dem öffentlichen Dienst des Bundes, eines Landes oder einer sonstigen juristischen Person des öffentlichen Rechts, es sei denn als Hochschullehrer oder als Mitarbeiter eines wirtschafts- oder sozialwissenschaftlichen Instituts, angehören. Sie dürfen ferner nicht Repräsentant eines Wirtschaftsverbandes oder einer Organisation der Arbeitgeber oder Arbeitnehmer sein oder zu diesen in einem ständigen Dienst- oder Geschäftsbesorgungsverhältnis stehen. Sie dürfen auch nicht während des letzten Jahres vor der Berufung zum Mitglied des Sachverständigenrates eine derartige Stellung innegehabt haben.

§ 2

Der Sachverständigenrat soll in seinen Gutachten die jeweilige gesamtwirtschaftliche Lage und deren absehbare Entwicklung darstellen. Dabei soll er untersuchen, wie im Rahmen der marktwirtschaftlichen Ordnung gleichzeitig Stabilität des Preisniveaus, hoher Beschäftigungsstand und außenwirtschaftliches Gleichgewicht bei stetigem und angemessenem Wachstum gewährleistet werden können. In die Untersuchung sollen auch die Bildung und die Verteilung von Einkommen und Vermögen einbezogen werden. Insbesondere soll der Sachverständigenrat die Ursachen von aktuellen und möglichen Spannungen zwischen der gesamtwirtschaftlichen Nachfrage und dem gesamtwirtschaftlichen Angebot aufzeigen, welche die in Satz 2 genannten Ziele gefährden. Bei der

Untersuchung sollen jeweils verschiedene Annahmen zugrunde gelegt und deren unterschiedliche Wirkungen dargestellt und beurteilt werden. Der Sachverständigenrat soll Fehlentwicklungen und Möglichkeiten zu deren Vermeidung oder deren Beseitigung aufzeigen, jedoch keine Empfehlungen für bestimmte wirtschafts- und sozialpolitische Maßnahmen aussprechen.

§ 3

(1) Der Sachverständigenrat ist nur an den durch dieses Gesetz begründeten Auftrag gebunden und in seiner Tätigkeit unabhängig.

(2) Vertritt eine Minderheit bei der Abfassung der Gutachten zu einzelnen Fragen eine abweichende Auffassung, so hat sie die Möglichkeit, diese in den Gutachten zum Ausdruck zu bringen.

§ 4

Der Sachverständigenrat kann vor Abfassung seiner Gutachten ihm geeignet erscheinenden Personen, insbesondere Vertretern von Organisationen des wirtschaftlichen und sozialen Lebens, Gelegenheit geben, zu wesentlichen sich aus seinem Auftrag ergebenden Fragen Stellung zu nehmen.

§ 5

(1) Der Sachverständigenrat kann, soweit er es zur Durchführung seines Auftrages für erforderlich hält, die fachlich zuständigen Bundesminister und den Präsidenten der Deutschen Bundesbank hören.

(2) Die fachlich zuständigen Bundesminister und der Präsident der Deutschen Bundesbank sind auf ihr Verlangen zu hören.

(3) Die Behörden des Bundes und der Länder leisten dem Sachverständigenrat Amtshilfe.

§ 6

(1) Der Sachverständigenrat erstattet jährlich ein Gutachten (Jahresgutachten) und leitet es der Bundesregierung bis zum 15. November zu. Das Jahresgutachten wird den gesetzgebenden Körperschaften von der Bundesregierung unverzüglich vorgelegt und zum gleichen Zeitpunkt vom Sachverständigenrat veröffentlicht. Spätestens acht Wochen nach der Vorlage nimmt die Bundesregierung gegenüber den gesetzgebenden Körperschaften zu dem Jahresgutachten Stellung. In der Stellungnahme sind insbesondere die wirtschaftspolitischen Schlußfolgerungen, die die Bundesregierung aus dem Gutachten zieht, darzulegen.

(2) Der Sachverständigenrat hat ein zusätzliches Gutachten zu erstatten, wenn auf einzelnen Gebieten Entwicklungen erkennbar werden, welche die in § 2 Satz 2 genannten Ziele gefährden. Die Bundesregierung kann den Sachverständigenrat mit der Erstattung weiterer Gutachten beauftragen. Der Sachverständigenrat leitet Gutachten nach Satz 1 und 2 der Bundesregierung zu und veröffentlicht sie; hinsichtlich des Zeitpunktes der Veröffentlichung führt er das Einvernehmen mit dem Bundesminister für Wirtschaft herbei.

§ 7

(1) Die Mitglieder des Sachverständigenrates werden auf Vorschlag der Bundesregierung durch den Bundespräsidenten berufen. Zum 1. März eines jeden Jahres — erstmals nach Ablauf des dritten Jahres nach Erstattung des ersten Gutachten gemäß § 6 Abs. 1 Satz 1 — scheidet ein Mitglied aus. Die Reihenfolge des Ausscheidens wird in der ersten Sitzung des Sachverständigenrates durch das Los bestimmt.

(2) Der Bundespräsident beruft auf Vorschlag der Bundesregierung jeweils ein neues Mitglied für die Dauer von fünf Jahren. Wiederberufungen sind zulässig. Die Bundesregierung hört die Mitglieder des Sachverständigenrates an, bevor sie ein neues Mitglied vorschlägt.

(3) Die Mitglieder sind berechtigt, ihr Amt durch Erklärung gegenüber dem Bundespräsidenten niederzulegen.

(4) Scheidet ein Mitglied vorzeitig aus, so wird ein neues Mitglied für die Dauer der Amtszeit des ausgeschiedenen Mitglieds berufen; Absatz 2 gilt entsprechend.

§ 8

(1) Die Beschlüsse des Sachverständigenrates bedürfen der Zustimmung von mindestens drei Mitgliedern.

(2) Der Sachverständigenrat wählt aus seiner Mitte einen Vorsitzenden für die Dauer von drei Jahren.

(3) Der Sachverständigenrat gibt sich eine Geschäftsordnung.

§ 9

Das Statistische Bundesamt nimmt die Aufgaben einer Geschäftsstelle des Sachverständigenrates wahr. Die Tätigkeit der Geschäftsstelle besteht in der Vermittlung und Zusammenstellung von Quellenmaterial, der technischen Vorbereitung der Sitzungen des Sachverständigenrates, dem Druck und der Veröffentlichung der Gutachten sowie der Erledigung der sonst anfallenden Verwaltungsaufgaben.

§ 10

Die Mitglieder des Sachverständigenrates und die Angehörigen der Geschäftsstelle sind zur Verschwiegenheit über die Beratungen und die vom Sachverständigenrat als vertraulich bezeichneten Beratungsunterlagen verpflichtet. Die Pflicht zur Verschwiegenheit bezieht sich auch auf Informationen, die dem Sachverständigenrat gegeben und als vertraulich bezeichnet werden.

§ 11

(1) Die Mitglieder des Sachverständigenrates erhalten eine pauschale Entschädigung sowie Ersatz ihrer Reisekosten. Diese werden vom Bundesminister für Wirtschaft im Einvernehmen mit dem Bundesminister des Innern festgesetzt.

(2) Die Kosten des Sachverständigenrates trägt der Bund.

§ 12

Dieses Gesetz gilt nach Maßgabe des § 13 Abs. 1 des Dritten Überleitungsgesetzes vom 4. Januar 1952 (Bundesgesetzbl. I S. 1) auch im Land Berlin.

§ 13

Dieses Gesetz tritt am Tage nach seiner Verkündung in Kraft.

Literaturverzeichnis

Achterberg, N.: Allgemeines Verwaltungsrecht, 2. Aufl., 1986

ders.: Parlamentsrecht, 1984

Adam, H.: Die konzertierte Aktion in der Bundesrepublik Deutschland, 1972

(Alternativ)-Kommentar zum Grundgesetz für die Bundesrepublik Deutschland, 1984

Andersen, U.: Stichwort: Sachverständigenrat, in: K. Sontheimer/H. Röhring (Hg.): Handbuch des politischen Systems der Bundesrepublik Deutschland, 2. Aufl., 1978

Anschütz, G.: Die Verfassung des deutschen Reiches, 14. Aufl., 1933 (Nachdruck 1965)

Arndt, K. D.: „IV/2890", in: Konjunkturpolitik 1965, S. 1ff.

v. Arnim, H.H.: Begrenzung öffentlicher Ausgaben durch Verfassungsrecht, DVBl. 1985, S. 1286ff.

ders.: Die Deutsche Bundesbank — Pfeiler der Demokratie, in: Deutsche Bundesbank, Auszüge aus Presseartikeln Nr. 88/9. Dezember 1987, S. 4ff.

ders.: Gemeinwohl und Gruppeninteressen, 1977

ders.: Grundfragen der Kontrolle von Gesetzgebung und Verwaltung, DÖV 1982, S. 917ff.

Bachof, O.: Reflexwirkungen und subjektive Rechte im öffentlichen Recht, in: O. Bachof/M. Drath/O. Gönnenwein/E. Walz (Hg.), Forschungen und Berichte aus dem öffentlichen Recht, Gedächtnisschrift für Walter Jellinek, 1955, S. 287ff.

ders.: Teilrechtsfähige Verbände des öffentlichen Rechts, AöR Bd. 83 (1958), S. 208ff.

Badura, P.: Wachstumsvorsorge und Wirtschaftsfreiheit, in: R. Stödter/W. Thieme (Hg.), Hamburg — Deutschland — Europa, Festschrift für H. P. Ipsen, 1977, S. 367ff.

ders.: Wirtschaftsverfassung und Wirtschaftsverwaltung, 1971

Ballerstedt, K.: Zum Programm des DGB für eine gesamtwirtschaftliche Mitbestimmung, in: Gewerkschaftliche Monatshefte 1971, S. 14ff.

Battis, U.: Bundesbeamtengesetz, 1980

Bauer, W.: Die Rolle des Sachverständigenrates bei der wirtschaftspolitischen Willenbildung, Die Aussprache 1969, S. 296ff.

ders.: Der Sachverständigenrat, in: A. Besters (Hg.), Theoretische und institutionelle Grundlagen der Wirtschaftspolitik, Festschrift für Theodor Wessels, 1967, S. 349ff.

v. Beckerath, E./*Giersch*, H.: Probleme der normativen Ökonomik und der wirtschaftspolitischen Beratung, Schriften des Vereins für Socialpolitik NF Bd. 29, 1966

Benda, E.: Die aktuellen Ziele der Wirtschaftspolitik und die tragenden Grundsätze der Wirtschaftsverfassung, NJW 1967, S. 849ff.

Bender, B.: Zur staatshaftungsrechtlichen Problematik der Waldschäden, VerwArch 77 (1986), S. 335ff.

ders.: Staatshaftungsrecht, 3.Aufl., 1981

Berendes, K.: Die Staatsaufsicht über den Rundfunk, 1973

Berggreen, I.: Die dissenting opinion in der Verwaltung, 1972

Bethge, H.: Grundfragen innerorganisationsrechtlichen Rechtsschutzes, DVBl. 1980, S. 309ff.

ders.: Die Grundrechtsberechtigung juristischer Personen nach Art. 19 Abs. 3 GG, 1985

ders.: Probleme verwaltungsrechtlicher Organstreitigkeiten, DV Bd. 8 (1975), S. 459ff.

Bettermann, K.A.: Juristische Personen des öffentlichen Rechts als Grundrechtsträger, NJW 1969, S. 1320ff.

Biedenkopf, K.: Rechtsfragen der konzertierten Aktion, BB 1968, S. 1005ff.

Blankenburg, E./*Treiber*, H.: Bürokraten als Politiker — Politiker als Bürokraten, DV Bd. 5 (1972), S. 273ff.

Bleutge, R.: Der Kommunalverfassungsstreit, 1970

Böckenförde, Ch.: Konzertierte Aktion, Der Staat Bd. 11 (1972), S. 367ff.

Böckenförde, E.-W.: Stichwort: Organ, in: O. Brunner/W. Conze/R. Kosellek (Hg.), Geschichtliche Grundbegriffe. Historisches Lexikon zur politisch-sozialen Sprache in Deutschland, Bd. 4, 1978, S. 518ff.

ders.: Organ, Organisation, juristische Person, in: C.F. Menger (Hg.), Fortschritte des Verwaltungsrechts, Festschrift für H.J. Wolff, 1973, S. 269ff.

ders.: Organisationsgewalt im Bereich der Regierung, 1964

ders.: Die politische Funktion wirtschaftlich-sozialer Verbände und Interessenträger in der sozialstaatlichen Demokratie, Der Staat Bd. 15 (1976), S. 457ff.

Böhret, C.: Technikfolgen und Verantwortung der Politik, in: Aus Politik und Zeitgeschichte, 1987, B. 19-20, S. 3ff.

Bohling, W./*Masberg*, D. (Hg.): Lexikon Wirtschaftspolitik. Die Institutionen, 1986

Bombach, G.: Quantitative und monetäre Aspekte des Wirtschaftswachstums, in: W. Hoffmann (Hg.), Finanz- und währungspolitische Bedingungen stetigen Wirtschaftswachstums, Schriften des Vereins für Socialpolitik NF Bd. 15, 1959

Bonner Kommentar (BK): Kommentar zum Bonner Grundgesetz, (Losebl.), 1950ff.

Bonus, H.: Information und Emotion in der Politikberatung - Zur politischen Umsetzung eines wirtschaftstheoretischen Konzepts, ZgesStW Bd. 138 (1982), S. 1ff.

ders.: Das wissenschaftliche Gutachten in der Politik - Information, Öffentliche Meinung, Verantwortung, in: Timmermann (Hg.), Nationalökonomie morgen, 1981, S. 263ff.

Borner, S.: Die Amerikanische Stabilitätspolitik seit 1946, Strategien und Erfahrungen des CEA, 1977

ders.: Die wissenschaftliche Beratung der Politik — Ein wichtiges Zukunftsproblem der Schweiz, in: Timmermann (Hg.), Nationalökonomie morgen, 1981, S. 299ff.

Brandt, K.: Der wirtschaftswissenschaftliche Beraterstab des Präsidenten der USA, Die Aussprache 1969, S. 262ff.

Bremer, H.: Kammerrecht der Wirtschaft, 1960

Brockhausen, J.: Die rechtliche Bedeutung des gesamtwirtschaftlichen Gleichgewichts und seine Komponenten in § 1 StabG unter Berücksichtigung der Entstehungsgeschichte, Diss. o.J.

Brohm, W.: Die Dogmatik des Verwaltungsrechts vor den Gegenwartsaufgaben der Verwaltung, VVDStRL 30 (1971), S. 245ff.

ders.: Sachverständige Beratung des Staates, in: J. Isensee/P. Kirchhof (Hg.), Handbuch des Staatsrechts der Bundesrepublik Deutschland Bd. II: Demokratische Willensbildung — Die Staatsorgane des Bundes. 1987, S. 207ff.

ders.: Sachverständige und Politik, in: Schnur (Hg.), Festschrift für Ernst Forsthoff, München 1972, S. 37ff.

Broß, S.: Zur Grundrechtsfähigkeit juristischer Personen des öffentlichen Rechts, VerwArch Bd. 77 (1986), S. 65ff.

Brüske, H.G.: Der Wirtschafts- und Sozialausschuß der Europäischen Gemeinschaften, 1979

Bryde, B.-O.: Zentrale Wirtschaftspolitische Beratungsgremien in der Parlamentarischen Verfassungsordnung, 1971

Büllingen, F.: Technikfolgen-Abschätzung und -Bewertung beim amerikanischen Kongreß, in: Aus Politik und Zeitgeschichte, 1987, B 19 - 20, S. 26ff.

Bugl, J.: Technikfolgen-Abschätzung — eine wichtige Aufgabe für das Parlament, UPR 1986, S. 401 f.

Bull, H.P.: Allgemeines Verwaltungsrecht, 2. Aufl., 1986

ders.: Staatsaufgaben nach dem Grundgesetz, 1973

Burmeister, J.: Innenrecht der Verwaltung zur Gewährleistung der Kooperation von Verwaltungsträgern und der Koordination von Verwaltungszwecken, in: W. Brohm (Hg.), Drittes deutsch-polnisches Verwaltungssymposium, 1983, S. 45ff.

Carstens, K.: Politische Führung, 1971

Claessens, D./*Klönne*, A./*Tschoepe*, A.: Sozialkunde der Bundesrepublik Deutschland, 7. Aufl., 1973

Colm, G.: Comments on the German Economic Report, Weltwirtschaftliches Archiv 95 (1965 II), S. 1ff.

Dagtoglou, P.: Kollegialorgane und Kollegialakte der Verwaltung, 1960

ders.: Der Private in der Verwaltung als Fachmann und Interessenvertreter, 1964

Dichgans, H.: Vom Grundgesetz zur Verfassung, 1970

Dietzel, G.: Ein zweiter Sachverständigenrat?, ZRP 1973, S. 98f.

ders.: Sachverständigenräte als neue Staatsorgane?, Der Staat Bd. 17 (1978), S. 583ff.

ders.: Wissenschaft und staatliche Entscheidungsplanung, 1978

Dolde, K.-P.: Die Beteiligungsfähigkeit im Verwaltungsprozeß (§ 61 VwGO), in: H.U.Erichsen/W. Hoppe/A. v. Mutius (Hg.), System des verwaltungsgerichtlichen Rechtsschutzes, Festschrift für C.F. Menger, 1985, S. 423ff.

Donner, H.: Parlamentsreform durch einen Bundeswirtschafts- und -sozialrat?, DVBl. 1974, S. 183ff.

Dreher, E./*Tröndle*, H.: Strafgesetzbuch, 43. Aufl., 1986

Dreier, R.: Zur Grundrechtssubjektivität juristischer Personen des öffentlichen Rechts, in: Öffentliches Recht und Politik, Festschrift für H. K. Scupin zum 70. Geburtstag, 1973, S. 81 ff.

ders.: Stichwort: Organlehre, in: H. Kunst/ R. Herzog/W. Schneemelcher (Hg.): Evangelisches Staatslexikon, 2. Aufl., 1975

Eberle, W.: Sachverständigenrat und Lohnprognosen, 1970

Eckert, G.: Der Sachverständigenrat zur Begutachtung der gesamtwirtschaftlichen Entwicklung, VR 1984, S. 7ff.

Eggers, J.: Die Rechtsstellung von Ausschüssen, Beiräten und anderen kollegialen Einrichtungen im Bereich der vollziehenden Gewalt, Diss. Kiel 1964

Erichsen, H.-U.: Zur Einordnung der Vorschriften über Organisation und Funktion des Sachverständigenrates und zur Zulässigkeit von Schiedsgerichtsvereinbarungen bei öffentlich-rechtlichen Streitigkeiten, VerwArch Bd. 65 (1974), S. 311 ff.

ders.: Feststellungsklage und Innenrecht, Grundrechte und Amtswaltung, VerwArch Bd. 71 (1980), S. 429ff.

ders.: Der Innenrechtsstreit, in: H.U. Erichsen/F. Hoppe/A. v. Mutius (Hg.), System des verwaltungsgerichtlichen Rechtsschutzes, Festschrift für C. F. Menger, 1985, S. 211 ff.

ders.: Öffentliches und privates Recht, Jura 1982, S. 537ff.

Erichsen, H. U./*Martens*, W.: Allgemeines Verwaltungsrecht, 7. Aufl., 1986

Ewald, K.: Zur Beteiligungsfähigkeit im Kommunalverfassungsstreitverfahren, DVBl. 1970, S. 237ff.

Eyermann, E./*Fröhler*, L.: Verwaltungsgerichtsordnung, 8. Aufl., 1980

Fangmann, H. D.: Die „marktwirtschaftliche Ordnung", in: R. Hickel/H. Mattfeld (Hg.), Millionen Arbeitslose, 1983, S. 174ff.

Faust, R.: Sachverständigenrat zwischen Keynesianismus und Monetarismus, 1979

Fehrmann, W.: Kommunalverwaltung und Verwaltungsgerichtsbarkeit, DÖV 1983, S. 311 ff.

Fichtmüller, C. P.: Zulässigkeit ministerialfreien Raumes in der Bundesverwaltung, AöR Bd. 91 (1966), S. 297ff.

Fischer, G.: Entstehung und Entwicklung von bremischen Kammern als Körperschaften des öffentlichen Rechts, Diss. Kiel 1974

Forsthoff, E.: Zur Problematik des Bundeswirtschaftsrates, DÖV 1952, S. 714ff.

Frey, B. S.: Theorie demokratischer Wirtschaftspolitik, 1981

Friedrich, H.: Staatliche Verwaltung und Wissenschaft. Die wissenschaftliche Beratung der Politik aus der Sicht der Ministerialbürokratie, 1970

Friesenhahn, E.: Empfiehlt es sich, die Bekanntgabe der abweichenden Meinung des überstimmten Richters (dissenting opinion) in den deutschen Verfahrensordnungen zuzulassen?, Referat z. 47. DJT, 1968, Sitzungsbericht R, S. 383ff.

ders.: Parlament und Regierung im modernen Staat, VVDStRL Bd. 16 (1958), S. 9ff.

Füßlein, P.: Ministerialfreie Verwaltung. Begriff, Erscheinungsformen und Vereinbarkeit mit dem Grundgesetz, Diss. Bonn 1972

Fuß, E.W.: Verwaltungsrechtliche Streitigkeiten im Universitäts-Innenbereich, WissR Bd. 5 (1972), S. 97ff.

Gäfgen, G.: Vom Dilemma des Gesetzesauftrags — Das Konzept der Alternativstrategien, in: R. Molitor (Hg.), Zehn Jahre Sachverständigenrat, 1973, S. 58ff.

Geiger, W.: Die abweichende Meinung beim Bundesverfassungsgericht und ihre Bedeutung für die Rechtsprechung, in: H. J. Vogel/ H. Simon/A. Podlech (Hg.), Die Freiheit des Anderen, Festschrift für Martin Hirsch, 1981, S. 455ff.

Giersch, H.: Rationale Wirtschaftspolitik in der pluralistischen Gesellschaft, in: E. Schneider, Rationale Wirtschaftspolitik und Planung in der Wirtschaft von heute, Schriften des Vereins für Socialpolitik, NF Bd. 45, 1966

Gleiss, A./*Bechtold*, R.: Das neue deutsche Kartellgesetz, BB 1973, S. 1142ff.

Goessl, M.: Organstreitigkeiten innerhalb des Bundes, 1961

Grawert, R.: Finanzreform und Bundesstaatsreform, Der Staat Bd. 7 (1968), S. 63ff.

Gusy, Chr.: Die Offenheit des Grundgesetzes, JöR NF Bd. 33 (1981), S. 105ff.

Gutowski, A.: Zur Theorie und Praxis der unabhängigen wirtschaftswissenschaftlichen Politikberatung, in: Hamburger Jahrbuch für Wirtschafts- und Gesellschaftspolitik Bd. 28, 1983, S. 9ff.

Habermas, J.: Verwissenschaftlichte Politik in demokratischer Gesellschaft, in: H. Krauch/W. Kunz/H. Rittel (Hg.), Forschungsplanung, 1966, S. 130ff.

Häberle, P.: Die Freiheit der Wissenschaften im Verfassungsstaat, AöR Bd. 110 (1985), S. 330ff.

ders.: Grundrechte im Leistungsstaat, VVDStRL Bd. 30, S. 43ff.

Härtel, H.H.: Entwicklung und Leistungsfähigkeit der wirtschaftspolitischen Beratung am Beispiel des Sachverständigenrates, in: D.B. Simmert (Hg.), Wirtschaftspolitik — kontrovers, 1979, S. 91ff.

Hanreich, J.: Konjunkturpolitik des Bundes in finanzverfassungsrechtlicher Sicht, Diss. München 1969

Hartwich, H.H.: Sachverständiger Rat und Interesse, in: Gegenwartskunde, 1984, S. 5ff.

Heermann, W.: Der Gemeinderatsbeschluß, 1975

Heidelmann, H.-D.: Zur Institutionalisierung eines zentralen Wirtschafts- und Sozialrates in der Bundesrepublik Deutschland, Diss. Göttingen 1975

Heinze, Ch.: Der Sachverständigenrat zur Begutachtung der gesamtwirtschaftlichen Entwicklung und die Umbildung der Verfassung, Der Staat Bd. 6 (1967), S. 433ff.

Henrichs, W.: Kommunalverfassungsstreitverfahren vor den Verwaltungsgerichten, DVBl. 1959, S. 548ff.

Hensel, P.K.: Grundformen der Wirtschaftsordnung, 1972

Herrmann, J.: Zur Effektivität des Bayerischen Senats, BayVBl. 1984, S. 193ff.

Hesse, G.: Staatsaufgaben, 1979

Hesse, K.: Grundzüge des Verfassungsrechts der Bundesrepublik Deutschland, 14. Aufl., 1984

Hickel, R.: „Gegengutachten" — Anstoß und konzeptionelle Entwicklung einer wirtschaftspolitischen Alternative, in: Diethard B. Simmert (Hg.), Wirtschaftspolitik — kontrovers, 1979, S. 129ff.

Hickel, R./*Mattfeld*, H. (Hg.): Millionen Arbeitslose, 1983

Hönscheid, K.: Das Problem einer gesetzlichen Normierung der finanzpolitischen Willensfindung, dargestellt am Beispiel des StabG, Diss. Köln 1972

Hollmann, H.H.: Rechtsstaatliche Kontrolle der Globalsteuerung, 1980

Holzheu, F.: Die Zielproblematik in den Jahresgutachten des Sachverständigenrats zur Begutachtung der gesamtwirtschaftlichen Entwicklung, in: ZgesStW Bd. 127 (1971), S. 609ff.

Hommelhoff, P.: Der aktienrechtliche Organstreit, ZHR 1979, S. 288ff.

Hoppe, W.: Organstreitigkeiten vor den Verwaltungs- und Sozialgerichten, 1970

ders.: Staatsaufgabe Umweltschutz, VVDStRL Bd. 38, S. 211ff.

Hoppmann, E. (Hg.): Konzertierte Aktion, 1971

Huber, E.R.: Deutsche Verfassungsgeschichte seit 1789, Bd. IV Struktur und Krisen des Kaiserreichs, 1969, Bd. VI Die Weimarer Reichsverfassung, 1981

ders.: Selbstverwaltung der Wirtschaft, 1958

ders.: Wirtschaftsverwaltungsrecht, 2. Aufl. Bd. 1, 1953

Hübener, A./*Halberstadt*, R.: Erfolgskontrolle politischer Planung, 1976

Immenga, U.: 10 Jahre Monopolkommission, DB 1984, S. 31ff.

Jaeger, K.: Stichwort: Gleichgewicht, ökonomisches, in: W. Albers, K. Born (Hg.) Handwörterbuch der Wirtschaftswissenschaften, Bd. 3, 1981

Jarass, H.D.: Grundrechte als Wertentscheidungen bzw. objektivrechtliche Prinzipien in der Rechtsprechung des Bundesverfassungsgerichts, AöR Bd. 110 (1985), S. 363ff.

ders.: Politik und Bürokratie als Elemente der Gewaltenteilung, 1975

Jarre, J.: Die verteilungspolitische Bedeutung von Umweltschäden, 1976

Kaiser, J. H.: Planung II. Begriff und Institut des Plans, 1966

Kantzenbach, E.: Die Monopolkommission, — Gesetzlicher Auftrag und erste Erfahrungen, in: Volkswirtschaftliche Korrespondenz der Adolf-Weber-Stiftung, Nr. 8/1977

Kapp, K.: Soziale Kosten der Marktwirtschaft, 1979

Karpen, U.: Wirtschaftsordnung und Grundgesetz, Jura 1985, S. 188ff.

Kasten, H. H.: Rechtsschutz politischer Mandatsträger bei Statusverletzungen, Jura 1985, S. 231ff.

Kelsen, H.: Allgemeine Staatslehre, 1925 (Nachdruck 1966)

Kipp, H.: Entstehung, Aufgaben und Rechtsstellung von Hilfseinrichtungen von Regierung und Parlament, DÖV 1957, S. 513ff.

Kisker, G.: Insichprozeß und Einheit der Verwaltung, 1968

Kissel, O. R.: Gerichtsverfassungsgesetz, 1981

Klein, E.: Die verfassungsrechtliche Problematik des ministerialfreien Raumes, 1974

Kloten, N.: Wissenschaftliche Erkenntnis und politische Entscheidung, in: E. Helmstädter (Hg.), Neuere Entwicklungen in den Wirtschaftswissenschaften, Schriften des Vereins für Socialpolitik NF Bd. 98, 1978, S. 883ff.

Knöpfle, F.: Die Beratung von Verfassungsorganen in geschichtlicher und rechtlicher Sicht, in: BayVBl. 1967, S. 401ff.

Koch, W.: Der Wissenschaftliche Beirat beim Bundesminister für Wirtschaft, in: E. v. Beckerath/H. Giersch (Hg.), Probleme der normativen Ökonomik und der wirtschaftspolitischen Beratung, Schriften des Vereins für Socialpolitik NF Bd. 29, 1963, S. 405ff.

Kopp, F.: Verwaltungsgerichtsordnung, 7. Aufl., 1986

Korinek, K.: Beratung in der Verwaltung, in: M. Fischer/R. Jakob/E. Mock/H. Schreiner (Hg.), Dimensionen des Rechts, Festschrift für R. Marcic, 1974, Bd. II, S. 1025ff.

Krebs, W.: Kontrolle in staatlichen Entscheidungsprozessen, 1984

ders.: Subjektiver Rechtsschutz und objektive Rechtskontrolle, in: H. U. Erichsen/W. Hoppe/A. v. Mutius (Hg.), System des verwaltungsgerichtlichen Rechtsschutzes, Festschrift für C. F. Menger, 1985, S. 191ff.

ders.: Der verwaltungsgerichtliche Organstreit, Jura 1981, S. 569ff.

Krelle, W.: 20 Jahre Sachverständigenrat: War es der Mühe wert?, in: ZgesStW Bd. 140 (1984), S. 332ff.

Krüger, H.: Allgemeine Staatslehre, 2. Aufl. 1966

ders.: Der Bundeswirtschaftsrat in verfassungspolitischer Sicht, DÖV 1952, S. 545ff.

Leipert, C.: Unzulänglichkeiten des Sozialprodukts als Wohlstandsmaß, 1975

Leipziger Kommentar: Strafgesetzbuch, 10. Aufl. Bd. 1, 1978

Loening, H.: Der ministerialfreie Raum in der Staatsverwaltung, DVBl. 1954, S. 173ff.

Loewenstein, K.: Verfassungslehre, 2. Aufl. 1969

Lompe, K.: Stichwort: Politikberatung, in: K. Sontheimer/H. Röhring (Hg.), Handbuch des politischen Systems der Bundesrepublik Deutschland, 2. Aufl., 1978, S. 492ff.

ders.: Die Rolle der Sachverständigengremien im Prozeß der politischen Willensbildung, in: ZfPol 1969, S. 223f.

ders.: Wissenschaftliche Beratung der Politik (Ein Beitrag zur Theorie anwendender Sozialwissenschaft), 1966

Loos, Ch.: Die Schiedsgerichtsbarkeit in der Verwaltungsgerichtsbarkeit, Diss. Wiesbaden 1984

Lorenz, D.: Der Organstreit vor dem Bundesverfassungsgericht, in: Chr. Starck, Bundesverfassungsgericht und Grundgesetz (Festschrift zum 25jährigen Bestehen), 1976, S. 225ff.

ders.: Zur Problematik des verwaltungsgerichtlichen Insichprozesses, AöR Bd. 93 (1968), S. 308ff.

ders.: Der Rechtsschutz des Bürgers und die Rechtsweggarantie, 1973

v. Mangoldt, H./*Klein*, F.: Das Bonner Grundgesetz, 2. Aufl., Bd. I, 1966

v. Mangoldt, H./*Klein*, F./*Starck*, Chr.: Das Bonner Grundgesetz, 3. Aufl., Bd. 1, 1985

Martens, W.: Öffentlich als Rechtsbegriff, 1969

Matern-Rehm, S.: Sachverständigenrat: Opfer der Konstruktion, in: Wirtschaftswoche Nr. 38 v. 11.9.1981, S. 50ff.

Maunz, Th./*Dürig*, G.: Grundgesetz, Loseblatt 1958ff., Stand: 1987

Maunz, Th./*Zippelius*, R.: Deutsches Staatsrecht, 26. Aufl., 1985

Maurer, H.: Allgemeines Verwaltungsrecht, 5. Aufl., 1986

ders.: Der Verwaltungsvorbehalt, VVDStRL Bd. 34, S. 135ff.

Mayer, F./*Ule*, C.H.: Staats- und Verwaltungsrecht in Rheinland-Pfalz, 1969

Mayer, K./*Görgen*, R.: Die wissenschaftliche Beratung der Bundesministerien, in: Aus Politik und Zeitgeschichte, 1979, B. 38, S. 31ff.

Meder, Th.: Die Verfassung des Freistaates Bayern, 3. Aufl. 1985

Meier, A.: Systematische staatliche Wirtschaftspolitik, 1973

Meinhold, H.: Fachliche Ergänzungen des behördlichen Sachverstandes, in: Sachverstand und Verantwortung in der öffentlichen Verwaltung, Schriftenreihe der Hochschule Speyer Bd. 30, 1966, S. 122ff.

ders.: Das Standortproblem des Sachverständigenrates. Die Aussprache 1969, S. 268ff.

Mertens, H. J./*Kirchner*, Ch./*Schanze*, E.: Wirtschaftsrecht, 2. Aufl., 1982

Mestmäcker, E.-J.: Funktionen und bisherige Tätigkeit der Monopolkommission, in: ders., Macht und ökonomisches Gesetz, 2. Aufl., 1984, S. 853ff.

Middel, D.: Öffentlich-rechtliche Willenserklärungen von Privatpersonen, 1971

Millar, J.: Die Rolle des Sachverständigen in der politischen Willensbildung und im Entscheidungsprozeß, 1970

Möller, A.: Gesetz zur Förderung der Stabilität und des Wachstums der Wirtschaft und Art. 109 Grundgesetz, Kommentar, 2. Aufl., 1969

Mössle, W.: Regierungsfunktionen des Parlaments, 1985

Molitor, B.: Keine glückliche Hand — Der Sachverständigenrat und die Verteilungspolitik, in: R. Molitor (Hg.), Zehn Jahre Sachverständigenrat, 1973, S. 152ff.

Morkel, A.: Politik und Wissenschaft, 1967

Müller, Ch.: Stichwort: Sachverständigenrat, in: W. Bohling/D. Masberg (Hg.), Lexikon Wirtschaftspolitik, 1986, S. 154ff.

Müller, W.: Ministerialfreie Räume, JuS 1985, S. 497ff.

Müller-Römer, D.: Zur rechtlichen Tragweite von § 1 des Stabilitätsgesetzes, DÖV 1969, S. 703ff.

v. Münch, I. (Hg.): Grundgesetz, Kommentar, München; Bd. I, 3. Aufl., 1985; Bd. II, 2. Aufl., 1983; Bd. III, 2. Aufl., 1983

ders.: Staatsrecht Bd. I, 4. Aufl., 1986

Münchener Kommentar zum Bürgerlichen Gesetzbuch, 2. Aufl., Bd. 3 II, 1986

Nawiasky, H./*Leusser*, C./*Schweiger*, K./*Zacher*, H.: Die Verfassung des Freistaates Bayern, Losebl., Stand: 1976

Nell-Breuning, O.: Versachlichung und Sachverständigenrat, in: K. Nemitz/R. Becker (Hg.), Gewerkschaft, Wirtschaft, Gesellschaft, 1963, S. 54ff.

Neumark, F.: Wissenschaft und Politik, in: H.K. Schneider/Chr. Watrin (Hg.), Macht und ökonomisches Gesetz, Schriften des Vereins für Socialpolitik NF Bd. 74, 1973

Oebbecke, J.: Die Einheit der Verwaltung als Rechtsproblem, DVBl. 1987, S. 866ff.

ders.: Weisungs- und unterrichtungsfreie Räume in der Verwaltung, 1986

Oldiges, M.: Einheit der Verwaltung als Rechtsproblem, NVwZ 1987, S. 737ff.

Oppenländer, K.: Ordnungspolitische und analytische Probleme des Wirtschaftswachstums, in: Ifo-Studien, 5. Jg. 1959, S. 167ff.

Ossenbühl, F.: Staatshaftungsrecht, 3. Aufl., 1983

ders.: Welche normativen Anforderungen stellt der Verfassungsgrundsatz des demokratischen Rechtsstaates an die planende Tätigkeit, dargestellt am Beispiel der Entwicklungsplanung? Gutachten B zum 50. DJT, 1974

Ott, E.: Magische Vielecke, in: Ott, E. (Hg.), Fragen der wirtschaftlichen Stabilisierung, 1967, S. 93ff.

Papier, H.-J.: Die verwaltungsgerichtliche Organklage, DÖV 1980, S. 292ff.

Pestalozza, Chr.: Verfassungsprozeßrecht, 2. Aufl., 1982

Peters, J.: Arbeitnehmerkammern in der BRD?, 1973

Picht, G.: Wissenschaftliche Politikberatung und Umweltschutz, Merkur 1972, S. 309ff.

Pieroth, B./*Schlink*, B.: Grundrechte Staatsrecht II, 2. Aufl., 1986

Preiser, E.: Die Zukunft unserer Wirtschaftsordnung, 5. Aufl., 1968

Preusche, B.: Zu den Klagearten für kommunalverfassungsrechtliche Organstreitigkeiten, NVwZ 1987, S. 854ff.

Püttner, G.: Organstreitverfahren, in: Dokumentation zum 6. Deutschen Verwaltungsrichtertag, 1980, S. 129ff.

Quick, H.-J.: Organisationsformen der wissenschaftlichen Beratung des Parlaments, 1976

Raisch, P./*Sölter*, A./*Kartte*, W.: Fusionskontrolle, 1970

Rat von Sachverständigen für Umweltfragen: Umweltgutachten 1978

ders.: Waldschäden und Luftverunreinigungen, Sondergutachten März 1983

Rauschning, D.: Staatsaufgabe Umweltschutz, VVDStRL Bd. 38, S. 167ff.

Redeker, K./*v. Oertzen*, H.J.: Verwaltungsgerichtsordnung, 8. Aufl., 1985

Reifenrath, R.: Bericht über die 12. Bitburger Gespräche, in: Frankfurter Rundschau Nr. 14/82 v. 18.1.1982

Rinck, G./*Schwark*, E.: Wirtschaftsrecht, 6. Aufl., 1986

Rittner, F.: Wirtschaftsrecht, 2. Aufl., 1987

Roberts, Ch. C.: Konjunkturprognosen und Wirtschaftspolitik, 1981

Röper, B.: Zur Frage nach den Trägern der Wirtschaftspolitik, ZgesStW Bd. 124 (1968), S. 741 ff.

Roller, M.: Weisungsfreie Ausschüsse in der Verwaltung und Ministerverantwortlichkeit, Diss. Tübingen 1966

Rupp, H.-G.: Zur Frage der Dissenting Opinion, in: K. D. Bracher/Chr. Dawson/W. Geiger/R. Smend (Hg.), Die moderne Demokratie und ihr Recht, Festschrift für G. Leibholz, 1966, Bd. II, S. 531 ff.

Rupp, H. H.: Konzertierte Aktion und freiheitlich-rechtsstaatliche Demokratie, in: E. Hoppmann (Hg.), Konzertierte Aktion, 1971, S. 1 ff.

ders.: Die verfassungsrechtliche Seite des Umweltschutzes, JZ 1971, S. 401 ff.

Saipa, A.: Wirtschaftsräte und gesamtwirtschaftliche Mitbestimmung, AöR Bd. 102 (1977), S. 497 ff.

Schachtschneider, K. A.: Imperative Lohnleitlinien unter dem Grundgesetz, Der Staat Bd. 16 (1977), S. 493 ff.

Schaeder, R.: Gemeinwohl und öffentliche Interessen im Recht der globalen Wirtschafts- und Finanzplanung, in: Wohl der Allgemeinheit und öffentliche Interessen, Schriftenreihe der Hochschule Speyer Bd. 39, S. 92 ff.

Scheerbarth, H.W./*Höffken*, H.: Beamtenrecht, 5. Aufl., 1985

Schiffer, E. (Hg.): Die Bundesrepublik Deutschland, Staatshandbuch, Teilausgabe Bund, Ausgabe 1982

Schlaich, K.: Das Bundesverfassungsgericht, 1985

Schlecht, O.: Was kann und soll der Sachverständigenrat leisten?, in: Bulletin der Bundesregierung 1963, Nr. 125 v. 18. 7. 1963, S. 1113 f.

Schmahl, H.-J.: Globalsteuerung der Wirtschaft, 1970

Schmidt, Karsten: Gesellschaftsrecht, 1986

Schmidt, Kurt: Der Sachverständigenrat. Institution, Meßkonzepte und wirtschaftspolitische Leitlinien. Sitzungsberichte der wissenschaftlichen Gesellschaft der J.W. Goethe-Universität Frankfurt, Jg. 21 Nr. 4

Schmidt, R.: Wirtschaftspolitik und Verfassung, 1971

Schmidt, W.: Der Wandel der Unternehmerfunktionen in der Bundesrepublik Deutschland unter dem Einfluß der konzertierten Aktion, 1974

Schmidt-Aßmann, E.: Verwaltungsorganisation zwischen parlamentarischer Steuerung und exekutivischer Organisationsgewalt, in: R. Stödter/W. Thieme (Hg.), Hamburg — Deutschland — Europa, Festschrift für H. P. Ipsen, 1977, S. 333 ff.

Schnapp, F. E.: Amtsrecht und Beamtenrecht, 1977

ders.: Zum Behördenbegriff im Kassenarztrecht, Zeitschrift für Sozialreform 1984, S. 140ff.

ders.: Zur Dogmatik und Funktion des staatlichen Organisationsrechts, Rechtstheorie 9 (1978), S. 275ff.

ders.: Dogmatische Überlegungen zu einer Theorie des Organisationsrechts, AöR Bd. 105 (1980), S. 243ff.

ders.: Der Streit um die Sitzungsöffentlichkeit im Kommunalrecht, VerwArch Bd. 78 (1987), S. 407ff.

ders.: Das Verwaltungsverfahren im Kassenarztrecht, in: Die Sozialgerichtsbarkeit 1985, S. 89ff.

ders.: Der Verwaltungsvorbehalt, in: VVDStRL Bd. 43 (1985), S. 172ff.

Schneider, E. (Hg.): Rationale Wirtschaftspolitik und Planung in der Wirtschaft von heute, Schriften des Vereins für Socialpolitik NF Bd. 45, 1966

Schneider, H.K. (Hg.): Grundsatzprobleme wirtschaftspolitischer Beratung, Schriften des Vereins für Socialpolitik NF Bd. 49, 1968

Schoch, F.: Der Kommunalverfassungsstreit im System des verwaltungsgerichtlichen Rechtsschutzes — OVG Koblenz, NVwZ 1985, S. 283, JuS 1987, S. 783ff.

Scholz, R.: Konzentrationskontrolle und Grundgesetz, 1971

ders.: Status-, Organ- und Verfahrensprobleme um den Sachverständigenrat, DÖV 1973, S. 843ff.

Schreyer, E.: Pluralistische Entscheidungsgremien im Bereich sozialer und kultureller Staatsaufgaben, 1982

Schröder, H.: Die konzertierte Aktion — Modell für eine Zusammenarbeit von Staat und Verbänden, in: Demokratie und Verwaltung, Schriftenreihe der Hochschule Speyer Bd. 50, S. 419ff.

Schröder, M.: Grundfragen der Aufsicht in der öffentlichen Verwaltung, JuS 1986, S. 371ff.

Schulze-Fielitz, H.: Der informale Verfassungsstaat, 1984

Schuppert, G. F.: Die Einheit der Verwaltung als Rechtsproblem, DÖV 1987, S. 757f.

ders.: Die Erfüllung öffentlicher Aufgaben durch verselbständigte Verwaltungseinheiten, 1981

Schwarzkopf, K.: Der vorläufige Reichswirtschaftsrat, DÖV 1952, S. 559ff.

Seibert, G.: Das Lehrauftragsverhältnis als öffentlich-rechtliches Dienstverhältnis besonderer Art, DVBl. 1972, S. 304ff.

Seidenfuß, H.: Gedanken zur Errichtung eines Bundeswirtschaftsrates, 1962

Siebert, H. (Hg.): Umwelt und wirtschaftliche Entwicklung, 1979

Siekmann, H.: Institutionalisierte Einkommenspolitik, 1985

Sievert, O.: Die wirtschaftspolitische Beratung in der Bundesrepublik Deutschland, in: H.K. Schneider (Hg.), Grundsatzprobleme wirtschaftspolitischer Beratung, 1968, S. 27ff.

Sontheimer, K./*Röhring*, H. H. (Hg.): Handbuch des politischen Systems der Bundesrepublik Deutschland, 2. Aufl. 1978

Sperling, D.: Wirtschaftsräte im europäischen Verfassungssystem, JöR NF Bd. 14 (1965), S. 195ff.

Staudinger: Kommentar zum Bürgerlichen Gesetzbuch, 12. Aufl., 1979ff.

Stein, E.: Staatsrecht, 10. Aufl., 1986

Steinberg, R.: Zur Institutionalisierung des Verbandseinflusses in einem Bundeswirtschafts- und Sozialrat, DÖV 1972, S. 837ff.

Steiniger, K.H.: Aufgaben und Befugnisse des Bayerischen Senats außerhalb seiner verfassungsmäßigen Zuständigkeiten, BayVBl 1987, S. 705ff.

Stelkens, P./*Bonk*, H. J./*Leonhardt*, K.: Verwaltungsverfahrensgesetz, 2. Aufl., 1983

Stern, K.: Grundfragen der globalen Wirtschaftssteuerung, 1969

ders.: Staatsrecht der Bundesrepublik Deutschland, Bd. I, 2. Aufl., 1984; Bd. II, 1980

ders.: Verwaltungsprozessuale Probleme in der öffentlich-rechtlichen Arbeit, 6. Aufl., 1987

ders.: Zur Einführung eines Wirtschafts- und Sozialrates, JöR Bd. 25 (1976), S. 103ff.

Stern, K./*Bethge*, H.: Die Rechtsstellung des Intendanten der öffentlich-rechtlichen Rundfunkanstalten, 1972

Stern, K./*Münch*, P./*Hansmeyer*, K.H.: Gesetz zur Förderung der Stabilität und des Wachstums der Wirtschaft, Kommentar, 2. Aufl., 1972

Stettner, R.: Grundfragen einer Kompetenzlehre, 1983

Strickrodt, G.: Gutachtergremium — Bewährungsprobe der Volkswirtschaftlichen Gesamtrechnung?, BB 1962, S. 1091ff.

Tettinger, P.J.: Einführung in die juristische Arbeitstechnik, 1982

ders.: Ingerenzprobleme staatlicher Konjunktursteuerung auf kommunaler Ebene, 1973

ders.: Mitbestimmung in der Sparkasse und verfassungsrechtliches Demokratiegebot, 1986

ders.: Neuer Streit um die „Wirtschaftsverfassung“, BB 1977, S. 1617ff.

ders.: Rechtsanwendung und gerichtliche Kontrolle im Wirtschaftsverwaltungsrecht, 1980

Thiele, W.: Reichswirtschaftsrat — Konzertierte Aktion — Bundeswirtschafts- und Sozialrat?, DVBl. 1970, S. 529ff.

ders.: Wirtschaftsverfassungsrecht, 1974

Thieme, W.: Verwaltungslehre, 4. Aufl., 1984

v. Thienen, V.: Künftig ein technikgestaltendes Parlament? Zu den Empfehlungen der Enquete-Kommission „Technologiefolgenabschätzung“, ZfParl 1986, S. 548ff.

Thoma, R.: Rechtsgutachten betreffend die Stellung des Bundesverfassungsgerichts, JöR NF Bd. 6, S. 161ff.

Tietmeyer, H.: Sachverständigenrat, Der Volkswirt 1963, S. 2282ff.

Tilmann, W.: Wirtschaftsrecht, 1986

Tormin, W.: Die Weimarer Republik, 17. Aufl., 1980

Triersch, G.: Keine wirtschaftsdemokratische Sekundärverfassung, in: Gewerkschaftliche Monatshefte 1971, S. 535ff.

Tsatsos, D.: Der verwaltungsrechtliche Organstreit, 1969

Ule, C.H.: Verwaltungsgerichtsbarkeit, 2. Aufl., 1962

Unger, U.: Die Einsetzung von Sachverständigengremien im Bereich des Bundes, Diss. München 1971

Vogel, K.: Finanzverfassung und politisches Ermessen, 1972

Vorbrugg, G.: Unabhängige Organe der Bundesverwaltung, Diss. München 1965

Wallich, H.C.: The American Council of Economic Advisers and the German SVR, Quarterly Journal of Economics 82 (1968), S. 349ff.

ders.: Der Council of Economic Advisers, in: E. v. Beckerath/H. Giersch (Hg.), Schriften des Vereins für Socialpolitik NF Bd. 29, 1963, S. 472ff.

ders.: The German Council of Economic Advisers in an American Perspective, in: ZgesStW Bd. 140 (1984), S. 355ff.

Walser, P.: Volkswirtschaftliche Gesamtrechnung, 1975

Waschke, H.: Zentrale wirtschaftspolitische Beratungsgremien im Ausland, 1977

Watrin, Chr.: Stichwort: Konzertierte Aktion, in: W. Albers/K. Dorn (Hg.), Handwörterbuch der Wirtschaftswissenschaften, 1977 ff, Bd. 9, S. 782ff.

Wegner, K.: Im Blickpunkt: Sachverständigenrat und Konjunktur- und Wachstumspolitik der Bundesregierung seit 1964, 1981

Weidemann, H.: Schiedsgerichtsbarkeit in verwaltungsrechtlichen Streitsachen, Diss. Marburg 1968

Weisser, G.: Die Problematik des Sachverständigenrates in politischen Angelegenheiten und die Funktion der wissenschaftlichen Beiräte bei den Bundesministerien, in: Ratgeber von Parlament und Regierung, 1951, S. 30ff.

Wendt, R.: Die Einheit der Verwaltung als Rechtsproblem, NWVBL 1987, S. 33ff.

Wicke, L.: Umweltökonomie, 1982

Wilhelm, W.: Wissenschaftliche Beratung der Politik in der Bundesrepublik Deutschland, 1968

Willeke, E.: Zur Konstituierung der vierten Gewalt, ZgesStW 1963, S. 639ff.

Winterhoff, K.: Historischer und vergleichender Überblick über Modelle eines Wirtschafts- und Sozialrates in Deutschland und in den Nachbarstaaten, JöR NF Bd. 25 (1976), S. 115ff.

Der wissenschaftliche Beirat beim Bundesminister für Wirtschaft: Sammelband der Gutachten 1948-72

Wolff, H.J.: Organschaft und juristische Person, (2 Bände) 1933 (Nachdruck 1968)

Wolff, H.J./*Bachof*, O.: Verwaltungsrecht Bd. I, 9. Aufl., 1974; Bd. II, 4. Aufl., 1976

Wolff, H.J./*Bachof*, O./*Stober*, R.: Verwaltungsrecht Bd. II, 5. Aufl., 1987

Woltereck, R.: Die Erledigung verwaltungsrechtlicher Streitigkeiten durch Schiedsgerichte, Diss. Hamburg 1965

ders.: Unechte und echte Schiedsgerichte des Verwaltungsrechts, DÖV 1966, S. 323ff.

Yenal, A.: Wirtschaftswachstum und umweltpolitische Problemlösungskapazität, in: M. Jänicke (Hg.), Umweltpolitik, 1978, S. 36ff.

Zierlein, K.G.: Erfahrungen mit dem Sondervotum beim Bundesverfassungsgericht, DÖV 1981, S. 83ff.

Zimmermann, H.: Wirtschaftspolitische Beratung unter Wertabstinenz, Zeitschrift für Nationalökonomie 1968, S. 305ff.

Zimmermann, K.: Umweltpolitik und Verteilung, 1985

Zuck, R.: Die globalgesteuerte Marktwirtschaft und das neue Recht der Wirtschaftsverfassung, NJW 1967, S. 1301ff.

ders.: Wirtschaftsverfassung und Stabilitätsgesetz, 1975

Zuleeg, M.: Die Anwendungsbereiche des öffentlichen Rechts und des Privatrechts, VerwArch Bd. 73 (1982), S. 384ff.

FSC
www.fsc.org
MIX
Papier | Fördert
gute Waldnutzung
FSC® C083411

Kolibri 360 GmbH
Ferdinand-Jühlke-Straße 7
99095 Erfurt, Deutschland
produktsicherheit@kolibri360.de

Druck:
CPI Druckdienstleistungen GmbH
im Auftrag der
Kolibri 360 GmbH
Ferdinand-Jühlke-Str. 7
99095 Erfurt